비즈니스 스킬 이메일

- ☑ 중국인보다 더 **중국인**스럽게!
- ☑ 중국어로 주고 받는 **이메일** 완전 정복!

<팔선생>은 누구나 **쉽고 재미있게 접근할 수 있는 교재**입니다.
<팔선생>을 통해 즐겁게 중국어와 중국문화를
공부하시고 경험하시길 바랍니다.

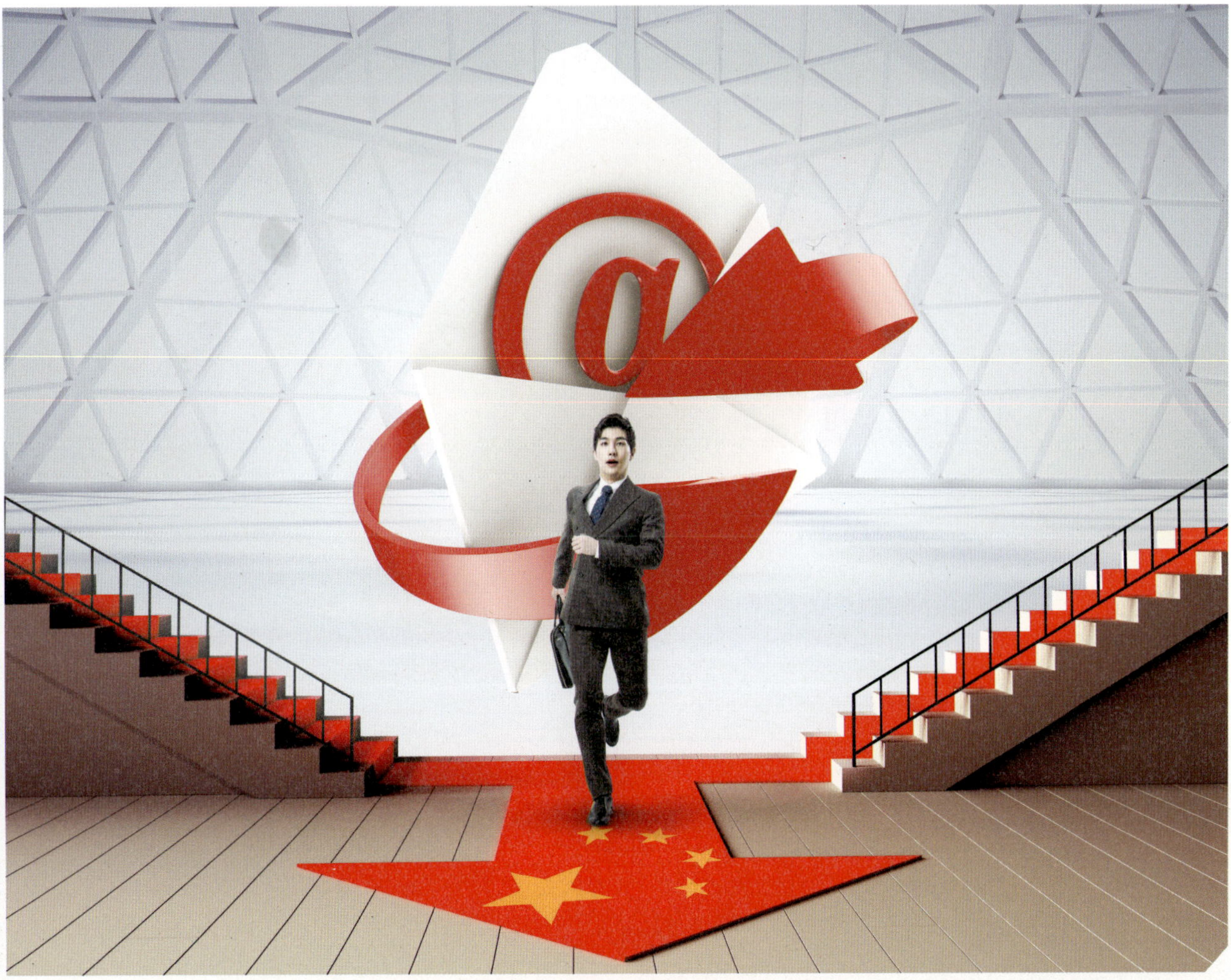

CARROT HOUSE
中国北京市通州区大运河开发区运河明珠2号楼2单元2172

八先生 중국어 - 비즈니스 스킬 이메일
© Carrot House

All rights reserved. No part of this publication may be reproduced, stored in a retrieval system, or transmitted, in any form or by any means, without the prior permission in writing of CARROT HOUSE.

First published July 2017

Author: Carrot Language Research & Development Department

ISBN 978-89-6732-246-5

Printed and distributed in Korea
9th Fl., 488 Gangnam St., Gangnam-gu, Seoul, South Korea 06120

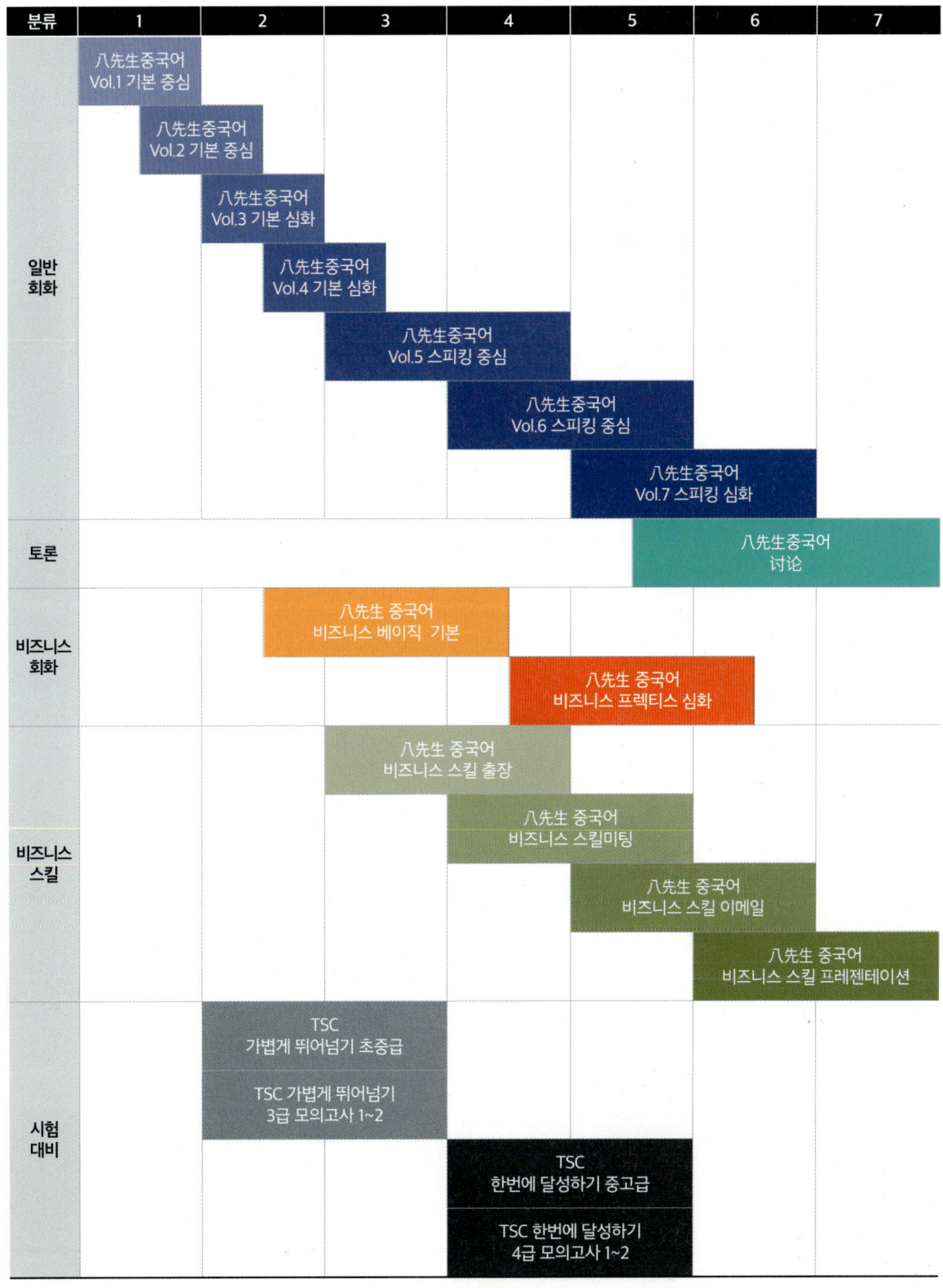

중국에 대한 이해

중국(中国)은 본래 고대 중원 지방을 뜻하였으나, 현재는 나라의 이름을 뜻하는 고유명사이다. 중국의 정확한 국명은 '중화인민공화국(中华人民共和国)'이며 1949년 10월 1일에 건국되었다.

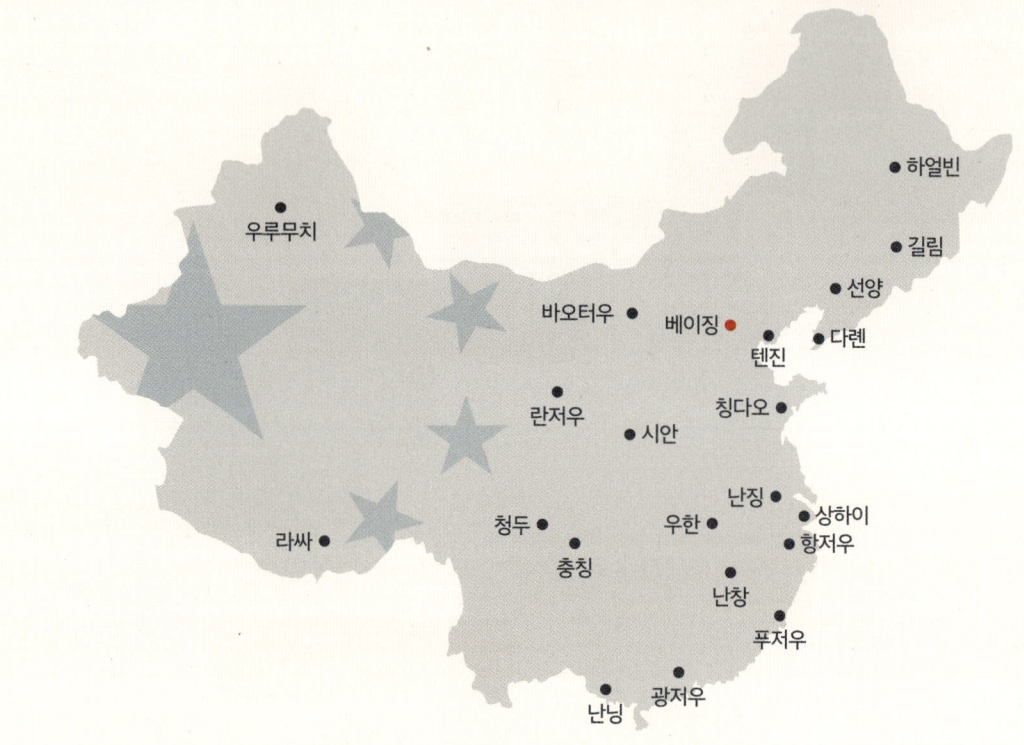

중문 국명 | 中华人民共和国(중화인민공화국)
영문 국명 | The People's Republic of China(P.R.C.)
국명 약칭 | 中国(China)
수도 | 북경(北京)
건국일 | 10월 1일
표준어 | 한어(汉语) 또는 보통화(普通话)
화폐 | 인민폐(RMB)
시차 | 한국보다 1시간 느림
정치 제도 | 인민공화국(입헌공화제)
인구 | 약 13억 7천 만명
민족 구성 | 한족(汉族), 장족(壮族), 만주족(满族) 등 56개 민족
주요 종교 | 불교, 도교, 기독교, 회교
국토 면적 | 959만 6960 제곱 킬로미터

팔선생 이야기

중국에서 先生(선생)은 영어 'Mr.'를 의미하며, 八(8)은 번영과 발전을
의미하는 发(發)와 발음이 비슷하여 중국에서는 누구나 좋아하는 숫자입니다.
八先生은 누구에게나 친숙하고 누구나 좋아하는 사람을 지칭하기도 하죠.
팔선생은 누구나 쉽고 재미있게 접근할 수 있는 교재입니다.
팔선생을 통해 즐겁게 중국어와 중국문화를 공부하시고 경험하시길 바랍니다.

❶ 캐럿 하우스 방법론 - 성인 교육학 접근 및 생산적인 중국어와의 관계

교육학은 학습자들로 하여금 생각을 한 곳으로 모으게 하고 학습 훈련을 지속적으로 강화하는데 그 목적이 있습니다. 아이들을 가르치는 교학과 성인을 가르치는 학습의 특징 및 과정은 분명 다릅니다. 성인 교육은 상대적으로 자유로운 학습 환경을 제공하는 교육 분야라고 볼 수 있습니다. 그렇기 때문에 다양한 생각과 행동적 학습이론을 추구할 수 있고 학습자들은 자발적으로 지속적인 학습이 가능한 대상이 될 수 있습니다.

사실, 대다수의 사람들은 외국어를 학습할 때 대화의 완성도를 완벽하게 만들어 내기 위해 노력하고 있습니다. 특히, 구술 및 작문 영역에 있어서 언어를 활용한 생산적 기술을 잘 갖추게 된다면 그들은 중국어로 소통하는 장에서 자신의 역량을 마음껏 발휘할 수 있을 것입니다. 그리고 바로 이 점이 학습자들의 생산적인 기술을 향상시킨 캐럿 하우스 커리큘럼만의 비결이라고 생각합니다. 캐럿 하우스 커리큘럼이 제시하는 성인 학습의 특징은 치열한 경쟁 시대 속에서 학습자들이 생산적인 외국어 학습을 위해 소통의 스킬을 스스로 성취할 수 있도록 역량을 키울 수 있도록 한다는 점입니다. 이렇듯, 캐럿 하우스의 교수철학과 커리큘럼은 모든 중국어 학습자들의 "성공을 위한 언어" 라는 목표를 이룰 수 있도록 구성되어 있습니다.

❷ 공동체 언어학습법

언어습득의 필수 요소인 공동체 언어학습법은 숙련된 강사가 학습자가 이해할 수 있는 강의안을 제공하고 학습자 각자가 가지고 있는 문제 및 상황을 그대로 받아들이고 이해하는 상호 작용 속에서 언어 학습을 진행하는 방법입니다. 이 때, 학습자들은 자신에게 주어진 학습 기회를 최대한 활용할 수 있습니다. 특히, 공동체 언어학습법은 외국어 음운학 분야에서 응용하고 있는 방법으로, 언어를 보다 실용적으로, 보다 확실하게, 보다 기술적으로 사용하기 위한 학습자들에게 최적화 되어 있다고 볼 수 있습니다.

교재개요
Chapter Composition

| 주요 학습대상 |

"八先生 중국어 비즈니스 스킬 이메일"은 주입식 형태의 "중국어 비즈니스"의 틀을 깨고, 기초를 차근차근 쌓아놓은 중고급 레벨의 학습자를 위한 교재입니다. 특히, 중국어 비즈니스와 관련된 표현들과 용어들을 학습할 수 있도록 실제 업무에서 자주 사용하는 주제로 구성했습니다. 꾸준한 공동체 언어학습법을 통해 학습자들은 다양한 상황 속에서 중국어로 유창하게 표현함으로써 자신의 언어적 생산성을 높일 수 있습니다.

| 교재 활용법 |

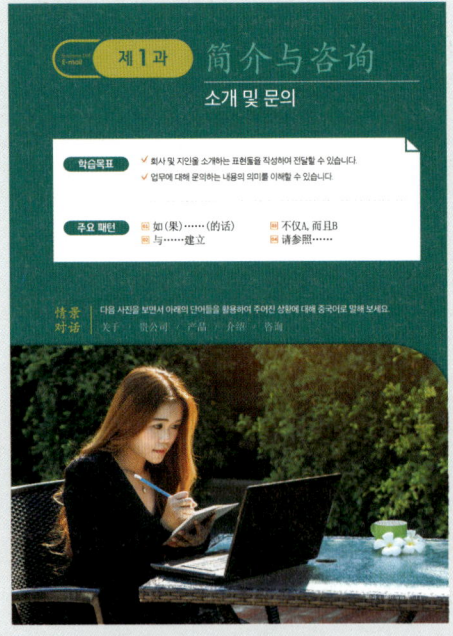

학습 목표
각 과의 학습 목표를 통해 해당 내용의 방향성을 파악합니다.
- 학습자가 학습 목표를 살펴보고 주요 학습 내용을 이해합니다.
- 학습 목표가 제시하는 핵심 단어를 통해 학습자는 각 과의 특징을 인지합니다.

주요 패턴
각 과의 주요 패턴을 통해 중국어의 문법 구조를 파악합니다.
- 학습자 스스로 학습 목표가 제시한 비즈니스 상황은 무엇인지 생각할 수 있습니다.
- 학습자는 각 과별로 설정된 비즈니스 상황에 맞는 핵심 패턴을 파악할 수 있습니다.

情景对话
사진 속 상황과 키워드를 응용하여 다양한 상황을 설정할 수 있습니다.
- 각 과별에 맞는 사진을 보면서 관련된 핵심 단어를 활용하여 학습자가 중국어로 표현할 수 있습니다.
- 주어진 사진 속 상황에 맞게 중국어로 표현하여 학습자가 본문에서 전개될 비즈니스 상황을 유추할 수 있습니다.

실제 표현

각 과에서 제시하는 이메일 내용과 관련된 실제 표현을 알고 이해할 수 있습니다.

- 각 과의 주제가 제시한 구체적 상황에 대한 단어 및 문장 표현들을 수록하여 학습자가 직접 응용할 수 있도록 구성하였습니다.
- 병음 및 해석을 같이 수록하여 실제 중국과 관련된 비즈니스에서 자주 사용하고 있는 이메일 표현을 더 생생하게 학습할 수 있습니다.

전송해 봅시다!

중국어로 비즈니스 이메일을 전송하기 위한 각 과의 작성 요령 및 내용을 알고 이해할 수 있습니다.

- 각 과마다 실제 컴퓨터상의 화면을 연상하게 하는 디자인을 수록하여 이메일 내용뿐만 아니라 이메일 양식을 생생하게 한 눈에 보고 이해할 수 있도록 구성하였습니다.
- 학습자가 각 과의 이메일 내용 및 형식에 맞는 작성 tip 을 확인함으로써 정확한 이메일 구성을 다시 한 번 학습할 수 있습니다.

필수 단어

각 과별로 주어진 상황에서 자주 사용하는 단어를 학습할 수 있습니다.

- 각 단어의 앞에 놓여진 체크박스를 활용하여 최소 2회 읽고 말하기 연습을 합니다.
- 각 단어의 병음 및 뜻 뿐만 아니라 품사까지 정확하게 암기할 수 있도록 연습합니다.

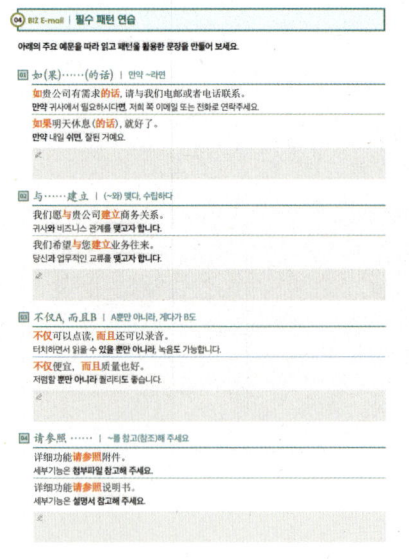

필수 패턴 연습

각 과의 주요 패턴에서 제시된 문형을 완벽하게 암기할 수 있습니다.

- 각 과마다 본문 내용과 관련된 패턴 및 기타 활용도가 높은 패턴을 각각 2개씩 수록하여 보다 다양한 표현을 학습할 수 있습니다.
- 해석을 통해 중국어 예문을 직접 작성할 수 있습니다.

실전! E-mail 보내기

각 과의 이메일 내용을 학습한 후, 설정된 상황과 정보를 바탕으로 학습자가 실제로 이메일을 전송할 수 있습니다.
- 해당 과에서 학습한 배경 지식 및 표현을 활용하여 학습자는 이메일을 직접 작성할 수 있습니다.

복습

각 과의 전체 내용 중 가장 인상 깊었던 내용을 학습자가 직접 표현할 수 있습니다.
- 각 과에서 기억하고 있는 표현이 무엇인지 학습자 스스로 직접 말할 수 있습니다.
- 상대방에게 해당 표현을 기억하고 있는 이유에 대해 서로 질문해 보고 내용을 공유할 수 있습니다.

八先生 중국어
비즈니스 스킬 | 이메일

目录

	과명	학습 목표	주요 패턴	페이지
제1과	简介与咨询 소개 및 문의	· 회사 및 지인 소개 표현 작성, 전달 · 업무에 대해 문의하는 내용 의미 이해	· 如(果)……(的话) · 与……建立 · 不仅 A, 而且 B · 请参照……	11
제2과	感谢与歉意 감사 및 사과	· 업무 관련 감사 표현 작성, 전달 · 감사 또는 사과 내용 의미 이해	· 更为…… · 衷心…… · 感激不尽 · 再次……	19
제3과	投诉与回复 항의 및 항의에 대한 사과	· 부당한 일에 대해 항의 표현 작성, 메일로 전달 · 항의에 대한 사과 내용 및 의미 이해	· 过程中…… · 否则…… · 以 A 为 B · 给 A 带来 B	29
제4과	订单与确认订单 주문 및 주문 확인	· 중국 측과 거래 시, 정확한 주문서 발송, 주문 받은 내용 이해 · 실제 직접 주문 후, 해당 주문서 확인	· 由于A, 故(而)B · 予以…… · 对…… · 过……	37
제5과	要求与建议 요구 및 제안	· 중국 거래처에게 관련 자료 요구 또는 제안 표현 작성, 전달 · 해당 메일에 대한 절차 진행 또는 거절 표현	· 将…… · 给予…… · 越发…… · 考虑到……	47
제6과	说明与遗憾 설명 및 유감 표현	· 설명 및 유감과 관련된 주요 단어 및 표현 이해 · 업무 또는 요구사항에 대한 설명 또는 유감 표현 전달	· 务必…… · 按照…… · 按时…… · 将A一并发给B……	57
제7과	通知与警告 공지 및 경고	· 공지 및 경고와 관련된 주요 단어 및 표현 이해 · 업무 관련 공지 및 경고 사항 작성 후 사실 전달	· 在……中 · 对……满意 · 经……研究 · 越来越……	67

제1과 简介与咨询
소개 및 문의

학습목표
- ✓ 회사 및 지인을 소개하는 표현들을 작성하여 전달할 수 있습니다.
- ✓ 업무에 대해 문의하는 내용의 의미를 이해할 수 있습니다.

주요 패턴
- 01 如(果)……(的话)
- 02 与……建立
- 03 不仅A, 而且B
- 04 请参照……

情景对话

다음 사진을 보면서 아래의 단어들을 활용하여 주어진 상황에 대해 중국어로 말해 보세요.

关于 / 贵公司 / 产品 / 介绍 / 咨询

01 BIZ E-mail | 실제표현

소개 및 문의 E-mail 을 작성할 때 자주 사용하는 표현 입니다. 아래의 표현을 따라 읽어 보세요.

01 称呼 Chēnghū

회사 측에 메일을 발송할 때

张总
Zhāng zǒng
> 장 사장님

张经理
Zhāng jīnglǐ
> 장 매니저님

* 중국에서 "经理"라는 표현은 (기업의) 경영관리 책임자, 지배인, 사장, 매니저 등으로 그 의미가 매우 다양하여, 해당 분야 및 회사의 규모에 따라 조금씩 그 의미가 다릅니다.

직함만 알고 있을 때

公司营业部部长
Gōngsī yíngyèbù bùzhǎng
> 회사 영업부 부장

公司销售部科长
Gōngsī xiāoshòubù kēzhǎng
> 회사 판매부 과장

직함 및 성함을 알지 못할 때

尊敬的张先生
Zūnjìng de Zhāng xiānsheng
> (남성) 존경하는 장 선생님

尊敬的张女士
Zūnjìng de Zhāng nǚshì
> (여성) 존경하는 장 여사님

尊敬的先生们
Zūnjìng de xiānshengmen
> (두 명 이상의 남성에게 발송 시) 존경하는 신사 여러분

尊敬的女士们, 先生们
Zūnjìng de nǚshìmen, xiānshengmen
> (두 명 이상의 남성 및 여성에게 발송 시) 존경하는 신사 숙녀 여러분

02 职位 Zhíwèi

직책 및 경력을 소개할 때

我是出口贸易部的张部长。
Wǒ shì chūkǒu màoyìbù de Zhāng bùzhǎng.
> 저는 수출 무역부를 담당하고 있는 장 부장입니다.

我从事通关工作已有十年了。
Wǒ cóngshì tōngguāngōngzuò yǐ yǒu shínián le.
> 제가 통관업무를 담당한 지 벌써 10년이 되었습니다.

03 咨询 Zīxún

자료 발송 문의할 때

贵公司能否给我发一份详细的产品说明?
Guì gōngsī néng fǒu gěi wǒ fā yí fèn xiángxì de chǎnpǐn shuōmíng?
> 제가 귀사의 제품 설명서를 받아볼 수 있을까요?

贵公司能否把产品的详细说明发送到我的邮件上?
Guì gōngsī néngfǒu bǎ chǎnpǐn de xiángxì shuōmíng fāsòng dào wǒ de yóujiàn shang?
> 귀사의 제품 사용 설명서를 제 E-mail로 보내주실 수 있으실까요?

메일 수신 후 감사를 표현할 때

对您的及时回复表示感谢!
Duì nín de jíshí huífù biǎoshì gǎnxiè!
> 빠른 회신 감사 드립니다.

感谢您的回信。
Gǎnxiè nín de huíxìn.
> 답변 감사 드립니다.

연락처를 문의할 때

能否告诉我您的联系方式?
Néng fǒu gàosu wǒ nín de liánxìfāngshì?
> 저에게 귀하의 연락처를 알려주실 수 있으실까요?

方便告诉我电话号码吗?
Fāngbiàn gàosu wǒ diànhuàhàomǎ ma?
> 저에게 전화번호 하나 알려주실 수 있으세요?

02 BIZ E-mail | 전송해 봅시다!

회사 소개 E-mail 작성 Tip을 확인한 후 해당 메일을 읽어 보고 자신의 상황에 맞게 직접 작성해 보세요.

简介 E-mail

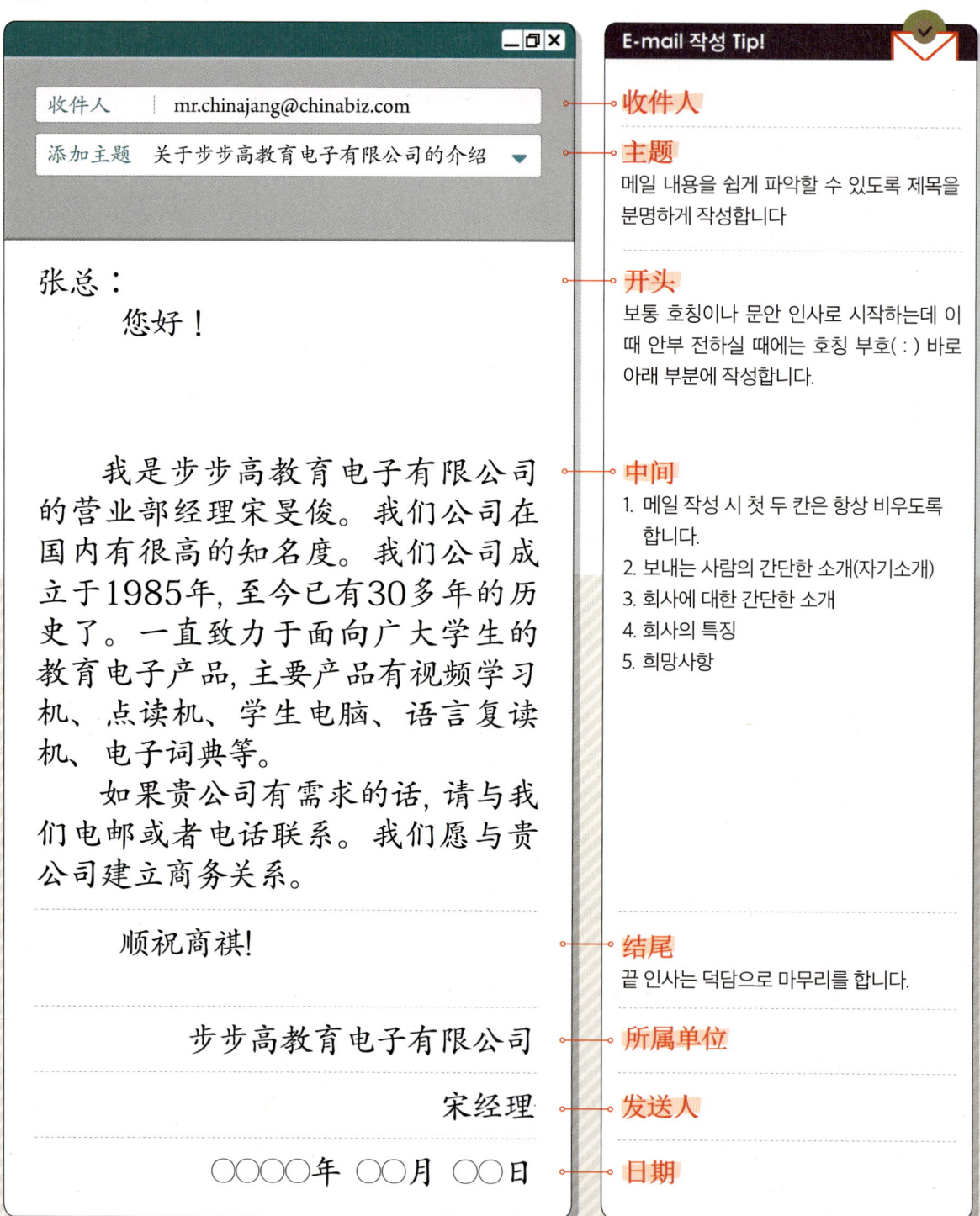

03 BIZ E-mail | 필수 단어

소개 및 문의 E-mail을 작성할 때 자주 사용하는 단어입니다. 아래의 단어를 따라 읽고 단어 앞의 박스에 체크 표시해 보세요.

☑ ☐	01 关于	guānyú	개 ~에 관해서
☐ ☐	02 产品	chǎnpǐn	명 생산품, 제품
☐ ☐	03 不仅A而且B	bùjǐn A érqiě B	접 A뿐만 아니라 B도
☐ ☐	04 功能	gōngnéng	명 기능, 작용
☐ ☐	05 增加	zēngjiā	동 증가하다, 더하다, 늘리다
☐ ☐	06 系统	xìtǒng	명 시스템
☐ ☐	07 详细	xiángxì	동 상세하다, 자세하다, 세세하다
☐ ☐	08 参照	cānzhào	동 (방법, 경험) 참고하다
☐ ☐	09 附件	fùjiàn	명 첨부파일
☐ ☐	10 成立于	chénglìyú	동 (조직·기구 등을) 창립하다, 설립하다, 결성하다
☐ ☐	11 至今	zhìjīn	부 지금까지, 여태껏
☐ ☐	12 致力于	zhìlìyú	(어떤 일을 하거나 이루기 위해) 애쓰다, 힘쓰다
☐ ☐	13 生产	shēngchǎn	동 생산하다
☐ ☐	14 需求	xūqiú	명 수요, 필요
☐ ☐	15 建立商务关系	jiànlìshāngwùguānxi	비즈니스 관계를 만들다 (형성하나)

04 BIZ E-mail | 필수 패턴 연습

아래의 주요 예문을 따라 읽고 패턴을 활용한 문장을 만들어 보세요.

01 如(果)……(的话) | 만약 ~라면

如贵公司有需求的话, 请与我们电邮或者电话联系。
만약 귀사에서 필요하시다면, 저희 쪽 이메일 또는 전화로 연락주세요.

如果明天休息(的话), 就好了。
만약 내일 **쉬면**, 잘된 거예요.

02 与……建立 | (~와) 맺다, 수립하다

我们愿与贵公司建立商务关系。
귀사와 비즈니스 관계를 **맺고자 합니다**.

我们希望与您建立业务往来。
당신과 업무적인 교류를 **맺고자 합니다**.

03 不仅A, 而且B | A뿐만 아니라, 게다가 B도

不仅可以点读, 而且还可以录音。
터치하면서 읽을 수 **있을 뿐만 아니라**, 녹음도 가능합니다.

不仅便宜, 而且质量也好。
저렴할 **뿐만 아니라** 퀄리티도 좋습니다.

04 请参照…… | ~를 참고(참조)해 주세요

详细功能请参照附件。
세부기능은 **첨부파일 참고해 주세요**.

详细功能请参照说明书。
세부기능은 **설명서 참고해 주세요**.

05 BIZ E-mail | 실전! E-mail 보내기

다음 상황에 맞게 E-mail을 작성한 후 전송해 보세요.

지인소개

당신은 China Biz에서 근무하는 회사원 Mr. Jang 입니다. 지난 주에 당신은 회사 거래처로부터 통관업무에 능한 인재를 구인해 줄 것을 요청 받았습니다. 해당 인재를 찾은 상황에서 회사 거래처에게 소개하는 E-mail을 작성해 보세요.

해당 인재 정보

✓ 성명 : 김 사장님
✓ 경력 : 현) 북경에 컨설팅 회사 개업.
  외국계 기업 업무 경력
  및 중국 정책에 관한 지식 매우 풍부.

실전 단어

아래의 단어를 응용하여 E-mail을 작성해 보세요.

| 通关业务 | tōngguān yèwù | 명 통관업무 | 政策 | zhèngcè | 명 정책 |
| 经验 | jīngyàn | 명 경험 | 提供咨询服务 | tígōng zīxún fúwù | 상담(자문) 서비스를 제공하다. |

收件人

添加主题

복습

请您写一下今天的课当中印象最深的电子邮件。

06 BIZ E-mail | 체크 리스트

실전! E-mail 보내기를 작성한 후 아래의 항목에 대해 체크 표시를 해 보세요.

준비 및 확인	교재에서 제시한 이메일 작성 Tip을 확인하였습니까?	☐
	비즈니스 메일 양식(첫인사, 본문, 끝인사)을 갖추어 메일을 작성했습니까?	☐
	메일 제목에서 불필요한 단어 및 정보 없이 작성했습니까?	☐
언어 표현 및 간단명료	메일의 첫 인사 및 끝 인사를 자주 쓰는 표현과 이해하기 쉬운 문장으로 작성했습니까?	☐
	메일의 본문에서 비즈니스 단어를 활용한 단문 및 짧은 문단을 바탕으로 하여 받는 이가 쉽게 이해할 수 있도록 작성하였습니까?	☐
	부드러운 언어 표현을 적극적으로 활용하여 받는 이가 오해 없이 받아들일 수 있도록 무례하지 않게 메일을 작성했습니까	☐
	최대한 예의를 갖추어 문어체 표현으로 메일을 작성했습니까?	☐
내용의 전달성	메일의 주제를 정확하게 전달했습니까?	☐
	해당 인재를 소개하는 내용을 메일로 전달할 때 모든 정보들을 취합하여 상황에 맞게 작성하였습니까?	☐
	해당 인재 정보에 대해 정확하게 전달했습니까?	☐
	해당 인재를 소개 또는 추천하게 된 이유를 구체적으로 전달했습니까?	☐

Business Skill E-mail

제 2 과 感谢与歉意
감사 및 사과

학습목표
- ✓ 중국 측에게 업무와 관련된 감사 표현들을 작성하여 전달할 수 있습니다.
- ✓ 감사 또는 사과하는 내용의 의미를 이해할 수 있습니다.

주요 패턴
- 01 更为……
- 02 衷心……
- 03 感激不尽
- 04 再次……

情景对话 | 다음 사진을 보면서 아래의 단어들을 활용하여 주어진 상황에 대해 중국어로 말해 보세요.
感谢 / 抱歉 / 合作 / 遗憾 / 希望

01 BIZ E-mail | 실제 표현

감사 및 사과 E-mail을 작성할 때 자주 사용하는 표현 입니다. 아래의 문장을 따라 읽어 보세요.

01 感谢 Gǎnxiè

빠른 회신에 대한 감사를 전달할 때

谢谢您的及时回复。
Xièxie nín de jíshí huífù.
> 시간 내에 회신해주셔서 고맙습니다.

感谢您的及时回信。
Gǎnxiè nín de jíshí huíxìn.
> 시간 내에 회신해주셔서 감사합니다.

感谢您的及时答复。
Gǎnxiè nín de jíshí dáfù.
> 시간 내에 회신 주셔서 감사 드립니다.

소식에 대한 반가움을 전달할 때

从ChinaBiz公司敬悉, 贵公司生产各种款式的棉布。
Cóng ChinaBiz gōngsī jìngxī, guì gōngsī shēngchǎn gèzhǒng kuǎnshì de miánbù.
> ChinaBiz 회사로부터, 귀사가 다양한 디자인의 면직물을 생산하고 있다고 전해 들었습니다.

欣悉贵方有意进口我们公司的家电。
Xīnxī guìfāng yǒuyì jìnkǒu wǒmen gōngsī de jiādiàn.
> 귀사가 저희 회사의 가전제품을 수입할 의향이 있다는 것을 알고 매우 기뻤습니다.

我方想与贵公司建立长期合作关系。
Wǒfāng xiǎng yǔ guì gōngsī jiànlì chángqī hézuò guānxi.
> 저희 측은 귀사와 장기적인 협력관계를 맺고 싶습니다.

깊은 감사를 전달할 때

真心感谢您!
Zhēnxīn gǎnxiè nín!
> 진심으로 감사를 드립니다.

再次感谢贵方的支持与信任。
Zàicì gǎnxiè guìfāng de zhīchí yǔ xìnrèn.
> 귀사의 지지와 신뢰에 다시 한번 감사드립니다.

我们深感荣幸。
Wǒmen shēngǎn róngxìng.
> 저희는 진심으로 영광으로 생각합니다.

02 歉意 Qiànyì

정중한 사과를 전달할 때

在此向您表示歉意。
Zàicǐ xiàng nín biǎoshì qiànyì.
> 이 자리에서 귀하께 사과를 드립니다.

对……表示道歉。
Duì … biǎoshì dàoqiàn.
> ~에 대해 사과를 드립니다.

对……深表歉意。
Duì … shēnbiǎo qiànyì.
> ~에 대해 사과의 말씀을 드립니다.

向……致歉。
Xiàng … zhìqiàn.
> ~께 사과 드립니다.

늦은 회신에 대한 사과를 전달할 때

这么久才回信，向您致歉。
Zhème jiǔ cái huíxìn, xiàng nín zhìqiàn.
> 이렇게 늦게 답변을 드리게 되어 귀하께 사과의 말씀을 드립니다.

对于未能及时回信，深表歉意。
Duìyú wèinéng jíshí huíxìn, shēnbiǎo qiànyì.
> 진작에 회신을 드리지 못한 점에 대해 깊은 사과의 말씀을 드립니다.

非常抱歉，回复有点迟了，请谅解。
Fēicháng bàoqiàn, huífù yǒudiǎn chí le, qǐng liàngjiě.
> 정말 죄송합니다만, 회신이 좀 늦었습니다. 양해 부탁 드립니다.

불편함에 대한 사과를 전달할 때

对于造成的不便，我们感到抱歉。
Duìyú zàochéng de búbiàn, wǒmen gǎndào bàoqiàn.
> 귀하께 불편함을 끼쳐 드려 진심으로 죄송하게 생각합니다.

真抱歉，希望不会给您带来太多的不便。
Zhēn bàoqiàn, xīwàng bú huì gěi nín dàilái tài duō de búbiàn.
> 정말 죄송합니다, 귀하께 많은 불편함을 드리지 않았으면 하는 바램입니다.

对于……耽搁，深感抱歉。
Duìyú … dānge, shēngǎn bàoqiàn.
> ~에 대한 시간이 지연된 점에 대해 진심으로 죄송하게 생각합니다.

E-mail 끝 부분에 다시 한 번 사과를 전달할 때

我们深感责任重大，再次郑重的道歉。
Wǒmen shēngǎn zérèn zhòngdà, zàicì zhèngzhòng de dàoqiàn.
> 저희는 무거운 책임감을 느낍니다. 다시 한 번 정중하게 사과를 드립니다.

我们深感内疚，请谅解。
Wǒmen shēngǎn nèijiù, qǐng liàngjiě.
> 저희는 무거운 죄책감을 마음 속 깊이 느낍니다. 양해의 말씀을 드립니다.

对此造成的不便，我们再次表示歉意。
Duìcǐ zàochéng de búbiàn, wǒmen zàicì biǎoshì qiànyì.
> 불편함을 드린 점에 대해 다시 한 번 사과를 드립니다.

02 BIZ E-mail | 전송해 봅시다!

감사 E-mail 작성 Tip을 확인한 후 해당 메일을 읽어 보고 자신의 상황에 맞게 직접 작성해 보세요.

感谢 E-mail

03 BIZ E-mail | 필수 단어

감사 및 사과 E-mail을 작성할 때 자주 사용하는 단어입니다. 아래의 단어를 따라 읽고 단어 앞의 박스에 체크 표시해 보세요.

☑ ☐	01 致谢	zhìxiè	동 감사의 뜻을 나타내다
☐ ☐	02 贸易	màoyì	명 무역
☐ ☐	03 贵公司	guì gōngsī	명 귀사
☐ ☐	04 合作	hézuò	동 협력하다
☐ ☐	05 追加	zhuījiā	동 추가하다, 더하다, 보태다
☐ ☐	06 到访	dàofǎng	동 방문하다, 내방하다
☐ ☐	07 大力支持	dàlì zhīchí	대대적인 지지
☐ ☐	08 鼎力	dǐnglì	부 강력하게, 힘껏, 대대적으로
☐ ☐	09 相助	xiàngzhù	동 상조하다, 서로 돕다
☐ ☐	10 歉意	qiànyì	명 미안한 마음
☐ ☐	11 遗憾	yíhàn	동 유감이다
☐ ☐	12 告知	gàozhī	동 알려주다
☐ ☐	13 感激不尽	gǎnjībújìn	감격스럽기 그지 없다

04 BIZ E-mail | 필수 패턴 연습

아래의 주요 예문을 따라 읽고 패턴을 활용한 문장을 만들어 보세요.

01 更为…… | 더욱

更为您这次追加2万个订单的防晒霜表示感谢。
이번 썬크림 2만개의 추가 수량주문에 **더** 깊이 감사를 드립니다.

看到当前的市场形式**更为**乐观。
현재의 시장 형태를 보게 되면 **더욱** 낙관적입니다.

02 衷心…… | 진심으로, 충심으로

衷心希望通过这次订单加强双方的合作关系。
이번 추가 주문을 통해서 양측의 협력 관계가 더욱 돈독해지길 **진심으로** 희망합니다.

衷心感谢广大顾客的支持。
고객 분들의 뜨거운 성원에 **진심으로** 감사 드립니다.

03 感激不尽 | 진심으로 깊이 감사 드립니다.

我将**感激不尽**。
제가 **진심으로 깊이 감사를 드립니다.**

您对我们的好，真是**感激不尽**。
저희 측에 베풀어주신 호의에 대해 **진심으로 깊이 감사 드립니다.**

04 再次…… | 다시 한 번~

再次感谢贵公司对我们的大力支持和鼎力相助。
저희 측에 대해 큰 성원과 지지를 보내주신 귀사께 **다시 한 번** 감사 드립니다.

借这个机会，我想**再次**重申一下。
이 기회를 빌어, **다시 한 번** 거듭 표명하고 싶습니다.

05 BIZ E-mail | 실전! E-mail 보내기

다음 상황에 맞게 E-mail을 작성한 후 전송해 보세요.

승진 축하에 대한 감사

당신은 China Biz에서 20년간 근무해 온 직원 Mr. Jang 입니다. 연초에 당신은 인사발령 공고를 통해 부사장으로 임명되었습니다. 그리고 중국 현지 바이어 및 거래처 담당자들로부터 축하와 격려의 메시지를 전달 받았습니다. 위의 상황에 맞게 중국 현지 바이어 및 거래처 담당자들에게 감사를 전하는 E-mail 을 작성해 보세요.

실전 단어

아래의 단어를 응용하여 E-mail을 작성해 보세요.

단어	병음	품사	뜻
给予	jǐyǔ	동·문어체	주다, 부여하다
并	bìng	개	게다가, 그리고; 동시에
期望	qīwàng	명 / 동	기대 / 기대하다
任命	rènmìng	동	임명하다

收件人

添加主题

복습

请您写一下今天的课当中印象最深的电子邮件。

06 BIZ E-mail | 체크 리스트

실전! E-mail 보내기를 작성한 후 아래의 항목에 대해 체크 표시를 해 보세요.

준비 및 확인	
	▸ 교재에서 제시한 이메일 작성 Tip을 확인하였습니까? ☐
	▸ 비즈니스 메일 양식(첫인사, 본문, 끝인사)을 갖추어 메일을 작성했습니까? ☐

언어 표현 및 간단명료	
	▸ 메일 제목에서 불필요한 단어 및 정보 없이 작성했습니까? ☐
	▸ 메일의 첫 인사 및 끝 인사를 자주 쓰는 표현과 이해하기 쉬운 문장으로 작성했습니까? ☐
	▸ 메일의 본문에서 비즈니스 단어를 활용한 단문 및 짧은 문단을 바탕으로 하여 받는 이가 쉽게 이해할 수 있도록 작성하였습니까? ☐
	▸ 부드러운 언어 표현을 적극적으로 활용하여 받는 이가 오해 없이 받아들일 수 있도록 무례하지 않게 메일을 작성했습니까 ☐
	▸ 최대한 예의를 갖추어 문어체 표현으로 메일을 작성했습니까? ☐

내용의 전달성	
	▸ 메일의 주제를 정확하게 전달했습니까? ☐
	▸ 인사 발령 및 승진을 축하하는 내용을 메일로 전달할 때 모든 정보들을 취합하여 상황에 맞게 작성하였습니까? ☐
	▸ 인사 발령 및 승진 축하 내용에 대해 정확하게 전달했습니까? ☐
	▸ 인사 발령 공고를 통해 부사장으로 임명된 이유를 구체적으로 전달했습니까? ☐

备 / 忘 / 录

제3과 投诉与回复
항의 및 항의에 대한 사과

학습목표
- ✓ 부당한 일에 대해 항의하는 표현들을 작성하여 메일로 전달할 수 있습니다.
- ✓ 항의에 대한 사과 내용의 의미를 이해할 수 있습니다.

주요 패턴
- 01 过程中……
- 02 否则……
- 03 以 A 为 B
- 04 给 A 带来 B

情景对话

다음 사진을 보면서 아래의 단어들을 활용하여 주어진 상황에 대해 중국어로 말해 보세요.

投诉 / 问题 / 尽快 / 采取 / 措施

01 BIZ E-mail | 실제표현

항의 E-mail을 작성할 때 자주 사용하는 표현입니다. 아래의 문장을 따라 읽어 보세요.

01 投诉 Tóusù

항의를 할 때

产品质量上出现了问题。
Chǎnpǐn zhìliàng shang chūxiàn le wèntí.
> 품질에 문제가 생겼습니다.

订购的产品未能及时收到。
Dìnggòu de chǎnpǐn wèi néng jíshí shōudào.
> 주문하신 제품을 제시간에 못 받았습니다.

빠른 조사를 부탁할 때

请尽快调查此事。
Qǐng jǐnkuài diàochá cǐshì.
> 이 일을 최대한 빨리 조사해주세요.

尽早查清此事。
Jǐnzǎo cháqīng cǐshì.
> 하루 빨리 이 일을 분명하게 조사해주세요.

배상 또는 빠른 조치를 강력히 요구할 때

要求给予补偿。
Yāoqiú jǐyǔ bǔcháng.
> 배상해줄 것을 요구합니다.

希望早日采取措施。
Xīwàng zǎorì cǎiqǔ cuòshī.
> 조속히 조치를 취해주시길 바랍니다.

회신을 독촉할 때

请早日回函。
Qǐng zǎorì huíhán.
> 빠른 회신 부탁 드립니다.

尽快回复。
Jǐnkuài huífù.
> 최대한 빨리 회신 부탁 드립니다.

02 对投诉信回复 Duì tóusùxìn huífù

사과를 전달할 때

向您深表歉意。
Xiàng nín shēnbiǎo qiànyì.
> 귀하께 깊이 사과를 표합니다.

对您表示歉意。
Duì nín biǎoshì qiànyì.
> 귀하께 사과 드립니다.

오류 검사 진행 중 지적을 받았을 때

我们会认真对待这件事情的。
Wǒmen huì rènzhēn duìdài zhèjiàn shìqíng de.
> 이 일에 대해 우리도 최선을 다하겠습니다.

我们会认真检讨的。
Wǒmen huì rènzhēn jiǎntǎo de.
> 진심으로 깊이 반성하겠습니다.

처리 결과에 대한 상대방의 만족을 희망할 때

希望贵公司对我们公司的处理结果感到满意。
Xīwàng guì gōngsī duì wǒmen gōngsī de chǔlǐ jiéguǒ gǎndào mǎnyì.
> 저희 회사가 처리한 결과에 대해 귀사께서 만족하셨기를 바랍니다.

02 BIZ E-mail | 전송해 봅시다!

항의 E-mail 작성 Tip을 확인한 후 해당 메일을 읽어 보고 자신의 상황에 맞게 직접 작성해 보세요.

投诉 E-mail

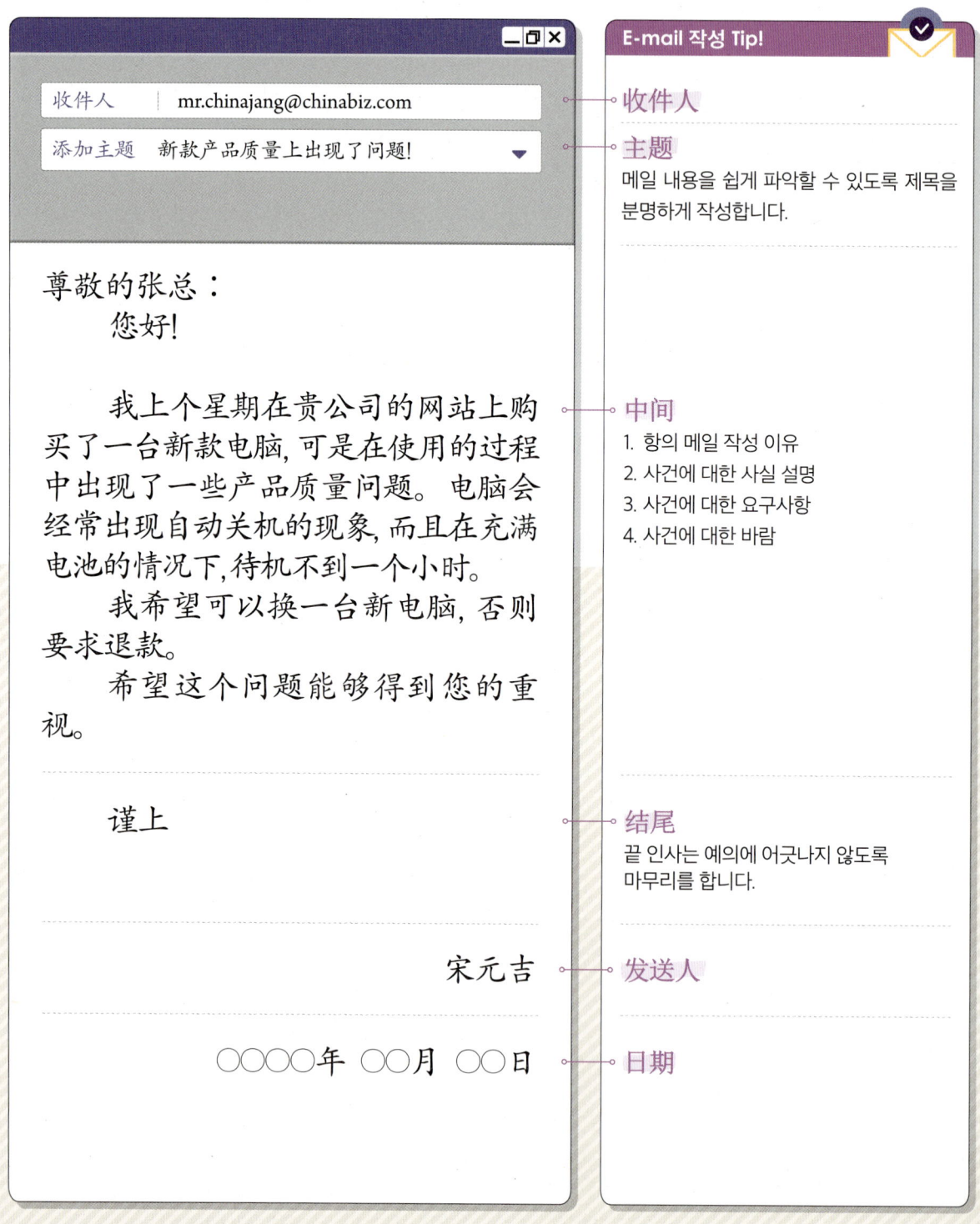

03 BIZ E-mail | 필수 단어

항의 관련 E-mail을 보낼 때 자주 사용하는 단어입니다. 아래의 단어를 따라 읽고 단어 앞의 박스에 체크 표시해 보세요.

☑ ☐	01	投诉	tóusù	동 (기관, 관계자에게) 호소하다, 하소연하다, 고발하다, 신고하다, 고소하다, 불평하다
☐ ☐	02	新款	xīnkuǎn	명 신상품
☐ ☐	03	质量	zhìliàng	명 품질
☐ ☐	04	购买	gòumǎi	동 구매하다
☐ ☐	05	自动关机	zìdòngguānjī	동 자동으로 전원이 꺼지다
☐ ☐	06	充	chōng	동 보충하여 채우다
☐ ☐	07	电池	diànchí	명 (전기) 전지
☐ ☐	08	待机	dàijī	동 스탠바이하다, 대기하다
☐ ☐	09	谨上	jǐnshàng	동 삼가 올립니다

04 BIZ E-mail | 필수 패턴 연습

아래의 주요 예문을 따라 읽고 패턴을 활용한 문장을 만들어 보세요.

01 过程中…… | ~하던 중, ~과정 중

在使用的**过程中**出现了一些产品质量问题。
사용하던 **중** 제품의 퀄리티에 일부 문제가 드러났습니다.

在这次新产品测试**过程中**, 没出现任何问题。
이번 새 제품 테스트 **과정 중** 어떤 문제도 발생하지 않았습니다.

02 否则…… | 그렇지 않으면, 아니면

我希望可以换一台新电脑, **否则**要求退款。
새로운 것으로 교환하고 싶은데 **아니면** 환불해주세요.

贵公司必须在8月份内完成交货, **否则**我方不得不取消订单。
귀사는 8월 안에 물건 납품을 모두 완료하셔야 합니다. **그렇지 않으면** 저희 측은 주문서를 취소할 수 밖에 없습니다.

03 以 A 为 B | A를 B로 삼다(여기다)

我们的产品一直是**以**高质量**为**标准。
저희 상품은 항상 우수한 품질을 기준**으로 삼고 있습니다**.

汉语**以**北京话**为**标准。
중국어는 북경어를 기준으로 **삼고 있습니다**.

04 给 A 带来 B | A에게 B를 가져오다, 가져다 주다, 일으키다

产品质量的问题, **给**您**带来**了不便, 再次向您道歉。
제품의 퀄리티 문제에 대해 불편함을 **끼쳐드려** 다시 한 번 사과를 드립니다.

广告**给**消费者**带来**了很大的影响。
광고는 소비자에게 아주 큰 영향을 **가져다 주었습니다**.

05 BIZ E-mail | 실전! E-mail 보내기

다음 상황에 맞게 E-mail을 작성한 후 전송해 보세요.

구매 대금 및 영수증 수령 관련 항의

당신은 China Biz에서 근무하는 영업사원 Mr. Jang 입니다. 2주 전, 당신은 회사 거래처로부터 제품 구매대금을 받기로 하였으나 약속기한 내에 구매금액 및 영수증을 모두 받지 못한 채 기다리다가 항의 메일을 보냅니다. 위의 사항에 대해 회사 거래처에게 항의하는 E-mail을 작성해 보세요.

해당 사항

✓ 독촉내용 : 오는 설 연휴 시작되기 전까지 구매대금 및 영수증을 빨리 보낼 것.

실전 단어

아래의 단어를 응용하여 E-mail을 작성해 보세요.

| 发票 | fāpiào | 명 영수증 | 至今 | zhìjīn | 부 지금까지; 오늘까지 |
| 做账 | zuòzhàng | 동 장부를 정리하다 | 解决 | jiějué | 동 해결하다, 풀다; 없애다 |

收件人

添加主题

복습

请您写一下今天的课当中印象最深的电子邮件。

06 BIZ E-mail | 체크 리스트

실전! E-mail 보내기를 작성한 후 아래의 항목에 대해 체크 표시를 해 보세요.

준비 및 확인

- 교재에서 제시한 이메일 작성 Tip을 확인하였습니까? ☐
- 비즈니스 메일 양식(첫인사, 본문, 끝인사)을 갖추어 메일을 작성했습니까? ☐
- 메일 제목에서 불필요한 단어 및 정보 없이 작성했습니까? ☐

언어 표현 및 간단명료

- 메일의 첫 인사 및 끝 인사를 자주 쓰는 표현과 이해하기 쉬운 문장으로 작성했습니까? ☐
- 메일의 본문에서 비즈니스 단어를 활용한 단문 및 짧은 문단을 바탕으로 하여 받는 이가 쉽게 이해할 수 있도록 작성하였습니까? ☐
- 객관적이고 사실적인 언어 표현을 적극적으로 활용하여 무례하지 않게 받는 이가 오해 없이 받아들일 수 있도록 메일을 작성했습니까? ☐
- 최대한 예의를 갖추어 문어체 표현으로 메일을 작성했습니까? ☐

내용의 전달성

- 메일의 주제를 정확하게 전달했습니까? ☐
- 구매대금 및 영수증 미수령에 대해 항의하는 내용을 메일로 전달할 때 모든 정보들을 취합하여 상황에 맞게 작성하였습니까? ☐
- 구매대금 및 영수증 미수령에 대해 정확하게 전달했습니까? ☐
- 항의하는 메일을 보낸 이유를 구체적으로 전달했습니까? ☐

제4과 订单与确认订单
주문 및 주문확인

학습목표
- ✓ 중국 측과 거래할 때, 정확한 주문서를 발송할 수 있고 주문 받은 내용을 정확히 이해할 수 있습니다.
- ✓ 실제로 내가 원하는 제품을 직접 주문한 후 해당 주문서를 확인할 수 있습니다.

주요 패턴
- 01 由于A, 故(而)B
- 02 予以……
- 03 对……
- 04 过……

情景对话
다음 사진을 보면서 아래의 단어들을 활용하여 주어진 상황에 대해 중국어로 말해 보세요.

订货 / 确认 / 订单 / 数量 / 付款方式

01 BIZ E-mail | 실제 표현

주문 E-mail을 작성할 때 자주 사용하는 표현 입니다. 아래의 문장을 따라 읽어 보세요.

01 订货 Dìnghuò

주문할 때

若大批订购，价格可再议。
Ruò dàpī dìnggòu, jiàgé kě zàiyì.
> 대량 구매를 하실 경우, 가격 상의 가능합니다.

我想订购以下产品。
Wǒ xiǎng dìnggòu yǐxià chǎnpǐn.
> 아래 제품을 주문하고 싶습니다.

我想订产品型号为E-02号的乌木纸（A4）。
Wǒ xiǎng dìng chǎnpǐn xínghào wéi E líng èr hào de wūmùzhǐ (A sì).
> 제품명E-02호인 흑단재질의 종이를 주문하고 싶습니다.

请填写订货单。
Qǐng tiánxiě dìnghuòdān.
> 주문계약서 작성 부탁 드립니다.

数量：80个；总价：8000美金。
Shùliàng : bāshí gè ; Zǒngjià : bāqiān měijīn.
> 수량: 80개 ; 총 금액: 8000달러.

견적서 요청할 때

对样品66的报盘如下。
Duì yàngpǐn liù liù de bàopán rúxià.
> 샘플66에 대한 오퍼는 아래와 같습니다.

烦请发送春季产品价目表。
Fánqǐng fāsòng chūnjì chǎnpǐn jiàmùbiǎo.
> 올 봄철 제품 가격표를 메일로 송부 부탁 드립니다.

烦请发送货价加运费的总额。
Fánqǐng fāsòng huòjià jiāyùnfèi de zǒng'é.
> 운임 포함 인도 조건에 대한 총 금액을 메일로 송부 부탁 드립니다.

敬请贵方尽快发这次订单的总价表。
Jìngqǐng guìfāng jǐnkuài fā zhècì dìngdān de zǒngjiàbiǎo.
> 이번 주문 내역에 기재된 총 금액을 최대한 빨리 보내주실 것을 요청드립니다.

주문 취소할 때

国内销量极少，我方要求取消订单，实在抱歉。
Guónèi xiāoliàng jí shǎo, wǒfāng yāoqiú qǔxiāo dìngdān, shízài bàoqiàn.
> 국내 판매량이 극히 적어서 주문 취소를 요청합니다. 정말 죄송합니다.

请谅解我们的处境。
Qǐng liàngjiě wǒmen de chǔjìng.
> 저희들의 상황을 이해해 주셨으면 합니다.

因我方的经济问题，要取消订单L05689，非常抱歉。
Yīn wǒfāng de jīngjì wèntí, yào qǔxiāo dìngdān L líng wǔ liù bā jiǔ, fēicháng bàoqiàn.
> 저희 측의 경제적 문제로 인해 L05689에 대한 주문을 취소하려고 합니다. 정말 죄송합니다.

这次没能合作，希望下次可以。
Zhècì méi néng hézuò, xīwàng xiàcì kěyǐ.
> 이번에는 교류를 맺지 못했지만, 다음에는 기회가 닿을 수 있기를 희망합니다.

주문 후 마무리 멘트

得到了贵公司的最终确认。
Dédào le guì gōngsī de zuìzhōng quèrèn.
> 귀사로부터 최종 확인을 받았습니다.

感谢贵公司长期以来，与我们的愉快合作。
Gǎnxiè guì gōngsī chángqī yǐlái, yǔ wǒmen de yúkuài hézuò.
> 귀사께 긴 시간 동안 저희와 좋은 협력 관계를 만들어 주신 것에 대해 감사의 말씀을 드립니다.

有任何问题，欢迎随时与我联系。
Yǒu rènhé wèntí, huānyíng suíshí yǔ wǒ liánxì.
> 문제가 발생하면 언제든지 연락주세요.

真诚感谢贵公司的合作。
Zhēn chéng gǎnxiè guì gōngsī de hézuò.
> 귀사 측과의 협력에 진심으로 감사 드립니다.

邮件附上订单，请查收。
Yóujiàn fùshàng dìngdān, qǐng cháshōu.
> 메일에 주문서를 첨부하였으니 첨부 파일을 확인해 주시기 바랍니다.

02 确认订单 Quèrèn dìngdān

주문을 확인할 때

请确认我们在上次会议中决定的货单。
Qǐng quèrèn wǒmen zài shàngcì huìyì zhōng juédìng de huòdān.
> 지난 번 회의 중에 내린 결정대로 주문하였습니다. 확인 부탁 드립니다.

尽快对订单进行确认。
Jǐnkuài duì dìngdān jìnxíng quèrèn.
> 최대한 빨리 주문서를 확인해 주십시오. 부탁 드립니다.

订单上的货物为……，请确认。
Dìngdān shàng de huòwù wéi…, qǐng quèrèn.
> 주문서의 물품은 ~으로, 확인 부탁 드립니다.

订货总数为……，请确认。
Dìnghuò zǒngshù wéi…, qǐng quèrèn.
> 총 주문 수량은 ~으로, 확인 부탁 드립니다.

出货日期为……，请确认。
Chūhuò rìqī wéi…, qǐng quèrèn.
> 출고 날짜는 ~으로, 확인 부탁 드립니다.

我再确认一下，订货数量为1000套。
Wǒ zài quèrèn yíxià, dìnghuò shùliàng wéi yìqiān tào.
> 다시 한 번 확인하겠습니다. 주문하신 수량은 1000세트 입니다.

贵公司要求内包装为缓冲包装，外箱上标注小心轻放的字样。
Guì gōngsī yāoqiú nèibāozhuāng wéi huǎnchōng bāozhuāng, wàixiāng shàng biāozhù xiǎoxīnqīng fàng de zìyàng.

> 귀사 측의 요구사항은 완충 포장의 형태로 겉 박스 표면에 "조심히 다루세요"라는 문구를 기재하는 것입니다.

确认订单后，我们马上进行生产。
Quèrèn dìngdān hòu, wǒmen mǎshàng jìnxíng shēngchǎn.

> 주문서 확인 후, 바로 생산하겠습니다.

주문한 물건 또는 상품이 없을 때

很抱歉地通知您，该产品已停产了。
Hěn bàoqiàn de tōngzhī nín, gāi chǎnpǐn yǐ tíngchǎn le.

> 죄송스러운 말씀이지만, 이 제품은 이미 생산 중단되었습니다.

由于最近发生禽流感的原因，我们厂将暂停生产鸡鸭食品。
Yóuyú zuìjìn fāshēng qínliúgǎn de yuányīn, wǒmen chǎng jiāng zàntíng shēngchǎn jīyā shípǐn.

> 최근 AI로 인해, 저희 공장은 닭, 오리 등의 식품생산을 잠시 멈추기로 하였습니다.

您订的这些货物都是比较畅销的，供不应求。
Nín dìng de zhèxiē huòwù dōushì bǐjiào chàngxiāo de, gōngbùyìngqiú.

> 주문하신 제품은 인기 상품이라서 공급이 수요를 따르지 못하고 있습니다.

这个口红很抢手，得等半年才可拿货。
Zhège kǒuhóng hěn qiǎngshǒu, děi děng bànnián cái kě náhuò.

> 이 립스틱은 인기 상품인 관계로 반 년이나 더 기다리셔야 구매하실 수 있습니다.

02 BIZ E-mail | 전송해 봅시다!

주문 E-mail 작성 Tip을 확인한 후 해당 메일을 읽어 보고 자신의 상황에 맞게 직접 작성해 보세요.

订货 E-mail

03 BIZ E-mail | 필수 단어

주문 관련 E-mail을 보낼 때 자주 사용하는 단어입니다. 아래의 단어를 따라 읽고 단어 앞의 박스에 체크 표시해 보세요.

☑ ☐	01 需求	xūqiú	명 수요, 필요
☐ ☐	02 库存	kùcún	명 창고에 보관된 재고 동 창고에 저장하다
☐ ☐	03 批	pī	명 ("회차"의 개념. 사람, 물건에 해당) 무리, 무더기
☐ ☐	04 箱	xiāng	명 상자, 박스
☐ ☐	05 投影仪	tóuyǐngyí	명 프로젝터
☐ ☐	06 做出决定	zuòchūjuédìng	결정을 내리다
☐ ☐	07 船上交货价(FOB)	chuánshàngjiāohuòjià	명 본선 인도조건 = 离岸价格 líanjiàgé
☐ ☐	08 付款方式	fùkuǎnfāngshì	명 결제방식
☐ ☐	09 不可撤销信用证	bùkěchèxiāoxìnyòngzhèng	명 취소 불능 신용장
☐ ☐	10 交期	jiāoqī	명 납기기일 (交货日期 jiāohuòrìqī의 줄임말)
☐ ☐	11 采取	cǎiqǔ	동 채택하다
☐ ☐	12 分批	fēnpī	동 여러 조(무리, 무더기)로 나누다
☐ ☐	13 装船	zhuāngchuán	동 선박에 적재하다

제4과 | 订单与确认订单

04 BIZ E-mail | 필수 패턴 연습

아래의 주요 예문을 따라 읽고 패턴을 활용한 문장을 만들어 보세요.

01 由于A，故(而)B | A 때문에 (그래서) B하다

由于最近市场需求增大，上次进的小说库存不足，**故**我们想追加一批。
최근 시장 수요의 증대**로 인해** 지난 번 들어온 소설 책 재고가 부족하여 우리는 한 무더기를 더 추가 하고 싶습니다.

由于贵方的鼎力相助，**故**而这次合作非常愉快。
귀사의 적극적인 협력**으로 인해 그리하여** 이번 협력은 매우 좋습니다.

02 予以…… | ~을(를) 주다

希望尽快确认**予以**回复。
빠른 시간 내에 회신 **주시기** 바랍니다.

希望有关部门**予以**重视。
관련 부서는 집중해 **주시기** 바랍니다.

03 对…… | ~에게, ~에 대해서

对投影仪的价格做出了以下决定。
프로젝터 가격에 대해 다음과 같이 결정을 내렸습니다.

对这件事有何看法？
이 일에 대해 어떤 생각을 가지고 계신지요？

03 过…… | ~이 지나다, ~을 보내다

其余3000台，**过**40天后发货。
나머지 3천 여대는 40일 **후에** 보내드리겠습니다.

过了10天，怎么还没消息？
열흘이 **지났는데** 왜 아직도 소식이 없습니까？

05 BIZ E-mail | 실전! E-mail 보내기

다음 상황에 맞게 E-mail을 작성한 후 전송해 보세요.

추가 주문

당신은 China Biz에서 근무하는 회사원 Mr. Jang 입니다. 당신은 고객의 수요로 인해 기존의 거래하던 제품을 무역회사 측에 추가 주문을 하려고 합니다. 위의 사항에 대해 회사 거래처에게 제품을 추가로 주문하는 E-mail을 작성해 보세요.

해당 사항

- ✓ 기존 : 3월 10일 200세트 출하예정
- ✓ 변경 : 3월 10일 300세트 추가, 500세트 변경. 5월 20일 출하
  6월 10일 100세트 추가, 6월 30일 출하
  이상 총 600세트(추가 출하수량 포함) 점검 및 확인 후, 협조 부탁

실전 단어

아래의 단어를 응용하여 E-mail을 작성해 보세요.

追加	zhuījiā	동 추가하다, 더하다, 보태다
订单	dìngdān	명 (상품, 물품 예약) 주문(명세)서
查收	cháshōu	동 (주로 편지에 쓰여) 확인하고 받다, 조사하여 받다
出货	chūhuò	동 (창고에서) 제품을 꺼내다, 출고하다
协助	xiézhù	동 협조하다

收件人

添加主题

복습

请您写一下今天的课当中印象最深的电子邮件。

제4과 | 订单与确认订单

06 BIZ E-mail | 체크 리스트

실전! E-mail 보내기를 작성한 후 아래의 항목에 대해 체크 표시를 해 보세요.

준비 및 확인	
› 교재에서 제시한 이메일 작성 Tip을 확인하였습니까?	☐
› 비즈니스 메일 양식(첫인사, 본문, 끝인사)을 갖추어 메일을 작성했습니까?	☐

언어 표현 및 간단명료	
› 메일 제목에서 불필요한 단어 및 정보 없이 작성했습니까?	☐
› 메일의 첫 인사 및 끝 인사를 자주 쓰는 표현과 이해하기 쉬운 문장으로 작성했습니까?	☐
› 메일의 본문에서 비즈니스 단어를 활용한 단문 및 짧은 문단을 바탕으로 하여 받는 이가 쉽게 이해할 수 있도록 작성하였습니까?	☐
› 객관적이고 사실적인 언어 표현을 적극적으로 활용하여 무례하지 않게 받는 이가 오해 없이 받아들일 수 있도록 메일을 작성했습니까?	☐
› 최대한 예의를 갖추어 문어체 표현으로 메일을 작성했습니까?	☐

내용의 전달성	
› 메일의 주제를 정확하게 전달했습니까?	☐
› 거래 제품을 추가로 주문하는 내용을 메일로 전달할 때 모든 정보들을 취합하여 상황에 맞게 작성하였습니까?	☐
› 제품 추가 주문에 대해 정확하게 전달했습니까?	☐
› 추가로 제품을 주문하게 된 이유를 구체적으로 전달했습니까?	☐

제5과 要求与建议
요구 및 제안

학습목표
- ✓ 중국 거래처에게 관련 자료를 요구하거나 제안하는 표현들을 작성하여 전달할 수 있습니다.
- ✓ 중국 측이 보낸 메일을 확인한 후 그에 맞는 절차를 진행하거나 거절할 수 있습니다.

주요 패턴
- 01 将……
- 02 给予……
- 03 越发……
- 04 考虑到……

情景对话 | 다음 사진을 보면서 아래의 단어들을 활용하여 주어진 상황에 대해 중국어로 말해 보세요.
要求 / 建议 / 同事 / 出差 / 文件

01 BIZ E-mail | 실제표현

요구 및 제안 E-mail을 작성할 때 자주 사용하는 표현 입니다. 아래의 문장을 따라 읽어 보세요.

01 要求 Yāoqiú

요구사항이 있을 때

请来函告知!
Qǐng lái hán gào zhī!
> 서신으로 알려 주세요!

为此函达!
Wéi cǐ hán dá!
> 이 일에 대해 서신으로 전달 드립니다!

即请高见!
Jí qǐng gāo jiàn!
> 좋은 소식 기다리겠습니다.

요구사항 진행이 가능할 때

愿能收到贵公司产品的价目表。
Yuàn néng shōudào guì gōngsī chǎnpǐn de jiàmùbiǎo.
> 귀사의 상품가격 목록을 받아보고 싶습니다.

是否能收到贵公司的样品?
Shì fǒu néng shōudào guìsī de yàngpǐn?
> 귀사의 샘플을 받아 볼 수 있을까요?

如期完成!
Rúqīwánchéng!
> 예정 기한대로 완성해 주세요!

상세 정보 요청할 때

但愿能收到产品的详细资料及图片。
Dàn yuàn néng shōudào chǎnpǐn de xiángxì zīliào jí túpiàn.
> 그러나 제품의 상세자료 및 사진을 받아볼 수 있으면 좋겠습니다.

希望能赐寄完整的资料。
Xīwàng néng cì jì wánzhěng de zīliào.
> 준비된 세부 자료를 보내주셨으면 합니다.

추가 정보 요청할 때

除了上次的资料以外,
Chúle shàngcì de zīliào yǐwài,

> 지난 번 자료 이외에도,

1) 希望能收到产品的价目表。
　　xīwàng néng shōudào chǎnpǐn de jiàmùbiǎo.

> 귀사의 상품가격 목록을 받아보고 싶습니다.

2) 希望能收到产品的样品及目录。
　　xīwàng néng shōudào chǎnpǐn de yàngpǐn jí mùlù.

> 제품의 샘플과 목록을 받으면 좋겠습니다.

可以的话, 请你完成后, 给我一份副本。
Kěyǐ de huà, qǐng nǐ wánchéng hòu, gěi wǒ yífèn fùběn.

> 괜찮으시다면, 완성 후 저한테 사본 1부만 부탁 드립니다.

요청에 대한 긍정적 반응 및 수락

我已收到了关于这个主题的留言。
Wǒ yǐ shōudào le guānyú zhè ge zhǔtí de liúyán.

> 저는 이 주제에 대해 귀하께서 남기신 글을 이미 확인하였습니다.

我想答复您关于我们合约中出现的一些没能解决的问题。
Wǒ xiǎng dáfù nín guānyú wǒmen héyuē zhōng chūxiàn de yìxiē méi néng jiějué de wèntí.

> 저는 귀하께 저희 계약서상, 해결이 필요한 일부 내용에 대해 답변 드리고자 합니다.

同意您的说法。
Tóngyì nín de shuōfǎ.

> 귀하의 말씀에 동의합니다.

甚为感激!
Shènwéi gǎnjī!

> 대단히 감사합니다!

合作愉快！
Hézuò yúkuài！
> 원만한 협조가 이루어질 수 있기를 바랍니다!

요청에 대한 부정적 반응 및 거절

这事有关公司机密,
Zhè shì yǒuguān gōngsī jīmì,
> 이 일은 회사의 기밀과 관련되어

1) 只能发送几张图片。
　　zhǐ néng fāsòng jǐzhāng túpiàn.
> 사진 몇 장만 발송 가능합니다.

2) 无法发送价目表。
　　wúfǎ fāsòng jiàmùbiǎo.
> 가격표는 보내드릴 수 없습니다.

3) 无法发送详细资料。
　　wúfǎ fāsòng xiángxì zīliào.
> 상세한 자료는 발송해 드릴 수 없습니다.

届时再讨论。
Jièshí zài tǎolùn.
> 그 때 다시 토론합시다.

请见谅！
Qǐng jiànliàng！
> 양해 부탁 드립니다.

도움이 필요할 때

我们需要您的帮助。
Wǒmen xūyào nín de bāngzhù.
> 저희는 귀하의 도움이 필요합니다.

通过您, 将此信息转达给你们的上司。
Tōngguò nín, jiāng cǐ xìnxī zhuǎndá gěi nǐmen de shàngsī.
> 귀하의 도움을 받아 이 정보를 귀사의 상사님께 전달 드리고자 합니다.

需要帮忙，尽管说。
Xūyào bāngmáng, jǐnguǎn shuō.
> 도움이 필요하시면, 언제든지 얘기하세요.

02 建议 Jiànyì

행사 또는 전시회 관련

这次的展位面积好像比上次的更小。
Zhècì de zhǎnwèi miànjī hǎoxiàng bǐ shàngcì de gèng xiǎo.
> 이번 전시회의 부스 면적이 지난 번보다 더 작은 것 같아요.

挪到(搬到)稍微大点儿的2楼B区怎么样？
Nuódào(Bāndào)shāowēi dà diǎnr de èr lóu B qū zěnmeyàng?
> 2층 B구역의 좀 더 넓은 곳으로 옮기는 것이 어떨까요?

考虑到费用，展览会在上海召开更好一些，您觉得呢？
Kǎolǜ dào fèiyòng, zhǎnlǎnhuì zài Shànghǎi zhàokāi gèng hǎo yìxiē, nín juéde ne?
> 비용 부담을 고려했을 때 북경보다 상해에서 전시회를 개최하는 것이 어떨까요?

如此可节约(节省)下半年的预算。
Rúcǐ kě jiéyuē(jiéshěng)xiàbànnián de yùsuàn.
> 이와 같이 하반기의 예산을 좀 더 줄일 수 (절약할 수) 있습니다.

내외부 업무 및 출장 관련

调整一下会议时间如何？
Tiáozhěng yíxià huìyì shíjiān rúhé?
> 회의 일정을 조정하는 것이 어떨까요?

出差日期可以提前吗？(提前去出差怎么样？)
Chūchāi rìqī kěyǐ tíqián ma?(Tíqián qù chūchāi zěnmeyàng?)
> 출장 일정을 좀 더 앞당기는 것이 어떨까요?

中国客户非常多，要赶上当地博览会，还是早出发为好。
Zhōngguó kèhù fēicháng duō, yào gǎnshàng dāngdì bólǎnhuì, háishì zǎo chūfā wéi hǎo.
> 중국 거래처가 많은데다 현지 박람회 일정을 맞추기 위해서는 좀 더 일찍 출발하는 것이 좋을 것 같습니다.

02 BIZ E-mail | 전송해 봅시다!

요구 관련 E-mail 작성 Tip을 확인한 후 해당 메일을 읽어 보고 자신의 상황에 맞게 직접 작성해 보세요.

要求 E-mail

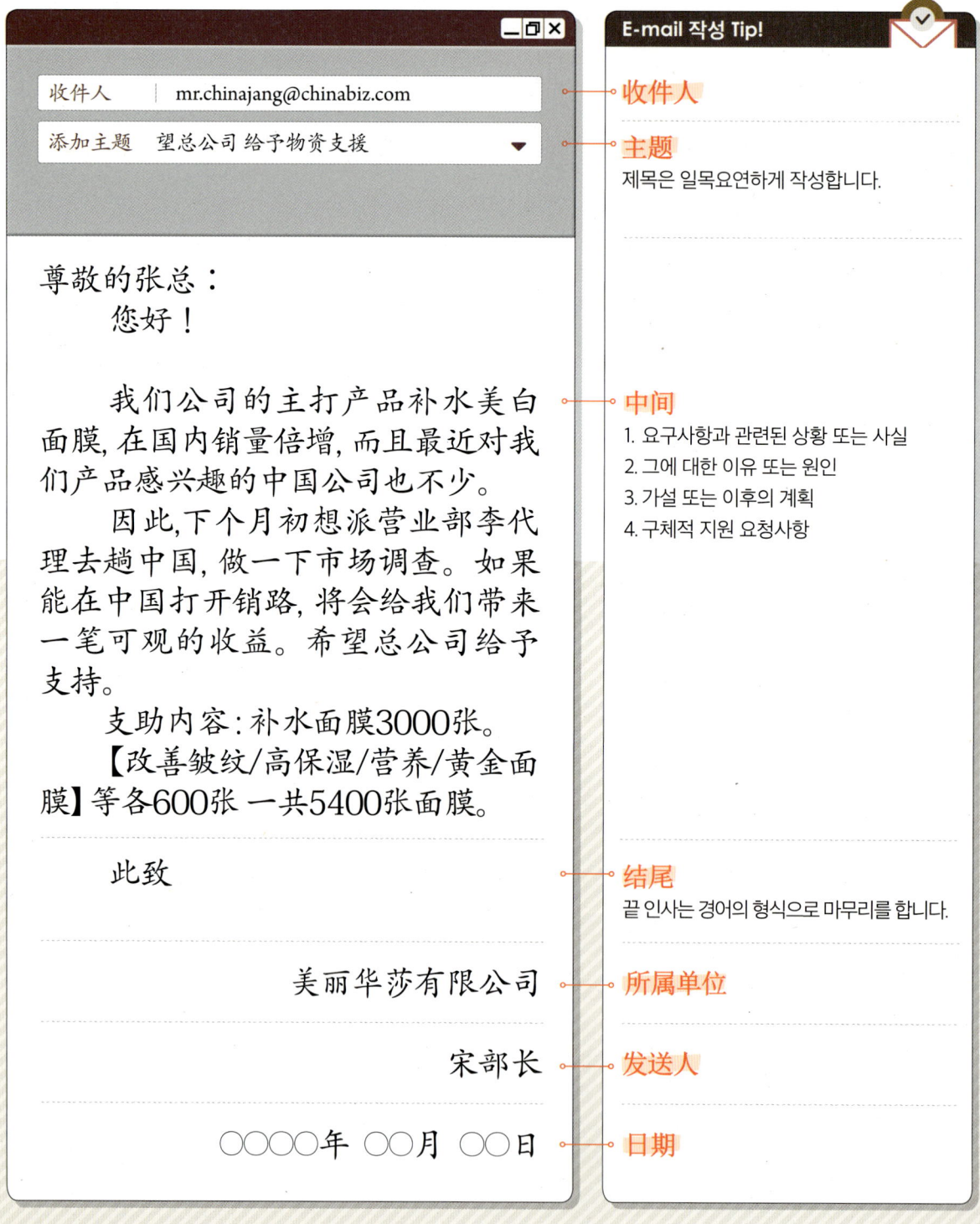

03 BIZ E-mail | 필수단어

요구 및 제안 E-mail을 보낼 때 자주 사용하는 단어입니다. 아래의 단어를 따라 읽고 단어 앞의 박스에 체크 표시해 보세요.

☑ ☐	01 主打产品	zhǔdǎchǎnpǐn	명 주력상품
☐ ☐	02 销量	xiāoliàng	명 판매량
☐ ☐	03 派	pài	동 파견하다
☐ ☐	04 调查	diàochá	동 조사하다
☐ ☐	05 可观	kěguān	형 대단한; 가관인
☐ ☐	06 收益	shōuyì	명 수익
☐ ☐	07 销路	xiāolù	명 (상품에 대한) 판로
☐ ☐	08 支助	zhīzhù	동 지원하다
☐ ☐	09 举办	jǔbàn	동 개최하다, 거행하다, 열다
☐ ☐	10 控制	kòngzhì	동 통제(제어)하다
☐ ☐	11 言谈之间	yántánzhījiān	형 대화를 하는 중에(말씀을 나누는 사이에)
☐ ☐	12 博览会	bólǎnhuì	명 박람회
☐ ☐	13 邀请	yāoqǐng	동 초청하다
☐ ☐	14 前景	qiánjǐng	명 (가까운) 장래, 앞날
☐ ☐	15 参考	cānkǎo	동 (다른 사람의 의견, 학습과 연구 관련자료 등을) 참고하다, 참조하다

04 BIZ E-mail | 필수 패턴 연습

아래의 주요 예문을 따라 읽고 패턴을 활용한 문장을 만들어 보세요.

01 将…… | 곧, 머지않아~

如果能在中国打开销路，**将**会给我们带来一笔可观的收益。
만약 중국에서 상품에 대한 판로를 열 수 있다면, 저희에게 **머지않아** 막대한 이익을 가져다 줄 것입니다.

我国**将**实行"汽车召回制度"。
우리 나라는 **곧** "자동차 리콜"을 실시할 것입니다.

✎

02 给予…… | 주다, 부여하다

希望总公司**给予**支持。
본사의 지지를 원합니다.

在工作上，他**给予**了我很大帮助。
업무 면에서, 그는 저에게 큰 도움을 주었습니다.

✎

03 越发…… | 더욱 더 (한층)~

这个问题不解决，情况只会**越发**严重。
이 문제를 해결하지 않으면, 상황은 **더욱 더** 심각해질 수 밖에 없을 것입니다.

在困难面前，大家没有退缩，反而**越发**努力了。
어려움 앞에서, 여러분 모두 움츠러들지 않았고 오히려 **더욱 더** 노력했습니다.

✎

04 考虑到…… | ~을 고려했을 때 (고려하여)

考虑到实际情况，公司决定给你增派一个人手。
실제 상황을 **고려하여**, 회사는 당신에게 인력을 추가로 파견할 것을 결정했습니다.

考虑到各方面的因素，我们决定由他去处理这件事。
여러 가지의 면을 **고려했을 때**, 저희 측은 그가 이 일을 처리하는 것으로 결정을 내렸습니다.

✎

05 BIZ E-mail | 실전! E-mail 보내기

다음 상황에 맞게 E-mail을 작성한 후 전송해 보세요.

장소 변경에 대한 제안

당신은 China Biz에서 근무하는 회사원 Mr. Jang 입니다. 오는 3월 북경에서 열릴 세계무역박람회를 앞두고 거래처와 현지 시찰 중 자사의 전시부스가 낮은 곳에 위치해 있고 면적이 좁다는 사실을 알게 되었습니다. 위의 사항에 대해 관계자에게 전시부스 위치 및 면적 변경을 제안하는 E-mail을 작성해 보세요.

실전 단어

아래의 단어를 응용하여 E-mail을 작성해 보세요.

| 展区 | zhǎnqū | 명 전시부스(구역) | 变更 | biàngēng | 동 변경하다 |
| 面积 | miànjī | 명 면적 | 窄 | zhǎi | 형 좁다 |

收件人

添加主题

복습

请您写一下今天的课当中印象最深的电子邮件。

06 BIZ E-mail | 체크 리스트

실전! E-mail 보내기를 작성한 후 아래의 항목에 대해 체크 표시를 해 보세요.

준비 및 확인	
› 교재에서 제시한 이메일 작성 Tip을 확인하였습니까?	☐
› 비즈니스 메일 양식(첫인사, 본문, 끝인사)을 갖추어 메일을 작성했습니까?	☐

언어 표현 및 간단명료	
› 메일 제목에서 불필요한 단어 및 정보 없이 작성했습니까?	☐
› 메일의 첫 인사 및 끝 인사를 자주 쓰는 표현과 이해하기 쉬운 문장으로 작성했습니까?	☐
› 메일의 본문에서 비즈니스 단어를 활용한 단문 및 짧은 문단을 바탕으로 하여 받는 이가 쉽게 이해할 수 있도록 작성하였습니까?	☐
› 객관적이고 사실적인 언어 표현을 적극적으로 활용하여 무례하지 않게 받는 이가 오해 없이 받아들일 수 있도록 메일을 작성했습니까?	☐
› 최대한 예의를 갖추어 문어체 표현으로 메일을 작성했습니까?	☐

내용의 전달성	
› 메일의 주제를 정확하게 전달했습니까?	☐
› 전시부스 위치 및 면적 변경을 요구 또는 제안하는 내용을 메일로 전달할 때 모든 정보들을 취합하여 상황에 맞게 작성하였습니까?	☐
› 전시부스 위치 및 면적 변경 요구 또는 제안하는 사항에 대해 정확하게 전달했습니까?	☐
› 전시부스 위치 및 면적을 변경하게 된 이유를 구체적으로 전달했습니까?	☐

제6과 说明与遗憾
설명 및 유감 표현

학습목표
- ✓ 설명 및 유감과 관련된 단어 및 표현들을 이해하고 활용할 수 있습니다.
- ✓ 업무 또는 요구사항에 대해 설명을 하거나 유감을 나타내는 표현들을 작성하여 전달할 수 있습니다.

주요 패턴
- 01 务必……
- 02 按照……
- 03 按时……
- 04 将A一并发给B

情景对话

다음 사진을 보면서 아래의 단어들을 활용하여 주어진 상황에 대해 중국어로 말해 보세요.

说明 / 遗憾 / 贵司 / 损失 / 务必

01 BIZ E-mail | 실제표현

요구 및 제안 E-mail을 작성할 때 자주 사용하는 표현 입니다. 아래의 문장을 따라 읽어 보세요.

01 说明 Shuōmíng

이유 또는 사실을 설명할 때

因电脑病毒今天起停办业务, 恢复时间待定。
Yīn diànnǎo bìngdú jīntiān qǐ tíngbàn yèwù, huīfù shíjiān dàidìng.

▷ 컴퓨터 바이러스로 인해 오늘부터 업무를 중단하게 되었습니다, 복구까지 시간이 걸릴 예정입니다.

由于台风的影响, 所有船只都将停运。
Yóuyú táifēng de yǐngxiǎng, suǒyǒu chuánzhī dōu jiāng tíngyùn.

▷ 태풍으로 인하여, 모든 선박들이 곧 운송을 중단하게 됩니다.

由于库存不足, 所以无法进行销售。
Yóuyú kùcún bùzú, suǒyǐ wúfǎ jìnxíng xiāoshòu.

▷ 현재는 재고가 없어서, 판매할 수 없습니다.

这次发货正好赶上劳动节, 可能会晚10天到15天左右。
Zhècì fāhuò zhènghǎo gǎnshàng Láodòngjié, kěnéng huì wǎn shítiān dào shíwǔtiān zuǒyòu.

▷ 이번 출하는 마침 노동절과 겹치게 되어, 10일에서 15일 정도 늦을 것 같습니다.

关于博览会及展示会给出的核算费用,
根据日期、容纳人员及产品的规模而不同。
Guānyú bólǎnhuì jí zhǎnshìhuì gěi chū de hésuàn fèiyòng, gēnjù rìqī、róngnà rényuán jí chǎnpǐn de guīmó ér bùtóng.

▷ 박람회 및 전시회 관련하여 말씀하신 견적 비용은 날짜, 수용 인원 및 해당 제품에 대한 규모에 따라 다릅니다.

本产品专为女性及儿童设计, 所以使用方法非常简单。
Běn chǎnpǐn zhuān wèi nǚxìng jí értóng shèjì, suǒyǐ shǐyòngfāngfǎ fēicháng jiǎndān.

▷ 본 제품은 아이들과 여성을 위한 제품으로 사용법은 매우 간단합니다.

相关文件必须是购买者亲自参考说明书后才可记载。
Xiāngguān wénjiàn bìxū shì gòumǎizhě qīnzì cānkǎo shuōmíngshū hòu cái kě jìzǎi.

▷ 해당 문서는 구매자가 직접 사용 설명서를 참고하여 기재해야 합니다.

关于中国代理商的条件，本邮件附件中的合同上有详细记载。
Guānyú Zhōngguó dàilǐshāng de tiáojiàn, běn yóujiàn fùjiàn zhōng de hétóngshang yǒu xiángxì jìzǎi.
> 중국 대리상에 대한 조건은 본 메일에 첨부 드리는 계약서 상에 구체적으로 기재되어 있습니다.

制度、政策及在法律方面，韩国跟中国有很大差异。
Zhìdù, zhèngcè jí zài fǎlǜ fāngmiàn, Hánguó gēn Zhōngguó yǒu hěn dà chàyì.
> 제도와 정책 그리고 법적인 면에서 한국과 중국은 매우 다릅니다.

02 遗憾 Yíhàn

유감을 전달할 때

我们很抱歉地通知您，现在本公司处在亏损状态，情况不太乐观。
Wǒmen hěn bàoqiàn de tōngzhī nín, xiànzài běngōngsī chǔ zài kuīsǔn zhuàng tài, qíngkuàng bú tài lèguān.
> 유감스럽게도 현재 본사가 적자 상태로, 상황이 그다지 낙관적이지 않습니다.

我恐怕要转告您坏消息，该产品已停产，并无库存。
Wǒ kǒngpà yào zhuǎngào nín huài xiāoxi, gāi chǎnpǐn yǐ tíngchǎn, bìng wú kùcún.
> 아마도 좋지 않은 소식을 전달 드려야 할 것 같습니다, 해당 상품은 이미 중단되어 재고가 없습니다.

很遗憾地通知您，贵公司所提出的要求与价格，不符合我们公司的要求。
Hěn yíhàn de tōngzhī nín, guì gōngsī suǒ tíchū de yāoqiú yǔ jiàgé, bù fúhé wǒmen gōngsī de yāoqiú.
> 유감스럽게도, 귀사 측에서 제시한 요구와 가격은 자사의 상황과 부합하지 않습니다.

很遗憾地通知您，我们公司无法参加贵公司邀请的展销会。
Hěn yíhàn de tōngzhī nín, wǒmen gōngsī wúfǎ cānjiā guì gōngsī yāoqǐng de zhǎnxiāohuì.

> 유감스럽게도, 자사는 귀사가 초청한 전시 판매장에 참석할 방법이 없습니다.

最终因条件不符，没能达成交易。
Zuìzhōng yīn tiáojiàn bùfú, méi néng dáchéng jiāoyì.

> 최종 계약 조건이 맞지 않아 협조 관계가 성사되기 힘들 것 같습니다.

这个月所有的会议都被迫延期了，很抱歉。
Zhègeyuè suǒyǒu de huìyì dōu bèipò yánqī le, hěn bàoqiàn.

> 이번 달 전체 회의가 갑자기 연기되어 매우 유감입니다.

因我方职员的失误没能续约，真的很遗憾。
Yīn wǒfāng zhíyuán de shīwù méi néng xùyuē, zhēn de hěn yíhàn.

> 저희 회사 직원의 불미스러운 사건으로 인해 재계약이 성사되지 못해서 매우 유감입니다.

发生违约的情况，真的很遗憾。
Fāshēng wéiyuē de qíngkuàng, zhēnde hěn yíhàn.

> 계약 조건에 위배되는 사건이 생겨 매우 유감입니다.

该日程因故取消，表示遗憾。
Gāi rìchéng yīngù qǔxiāo, biǎoshì yíhàn.

> 본 일정이 사정으로 인해 취소되어 매우 유감입니다.

贵公司提供的索赔证据不符合事实，很抱歉地通知您，我们无法接受。
Guì gōngsī tígòng de suǒpéi zhèngjù bùfúhé shìshí, hěn bàoqiàn de tōngzhī nín, wǒmen wúfǎ jiēshòu.

> 유감스럽게도 귀사 측이 제공한 손해배상 증거는 사실에 부합하지 않습니다, 저희는 수용할 수 없습니다.

02 BIZ E-mail | 전송해 봅시다!

일정변경으로 인한 상황을 설명하는 E-mail 작성 Tip을 확인한 후 해당 메일을 읽어 보고 자신의 상황에 맞게 직접 작성해 보세요.

说明 E-mail

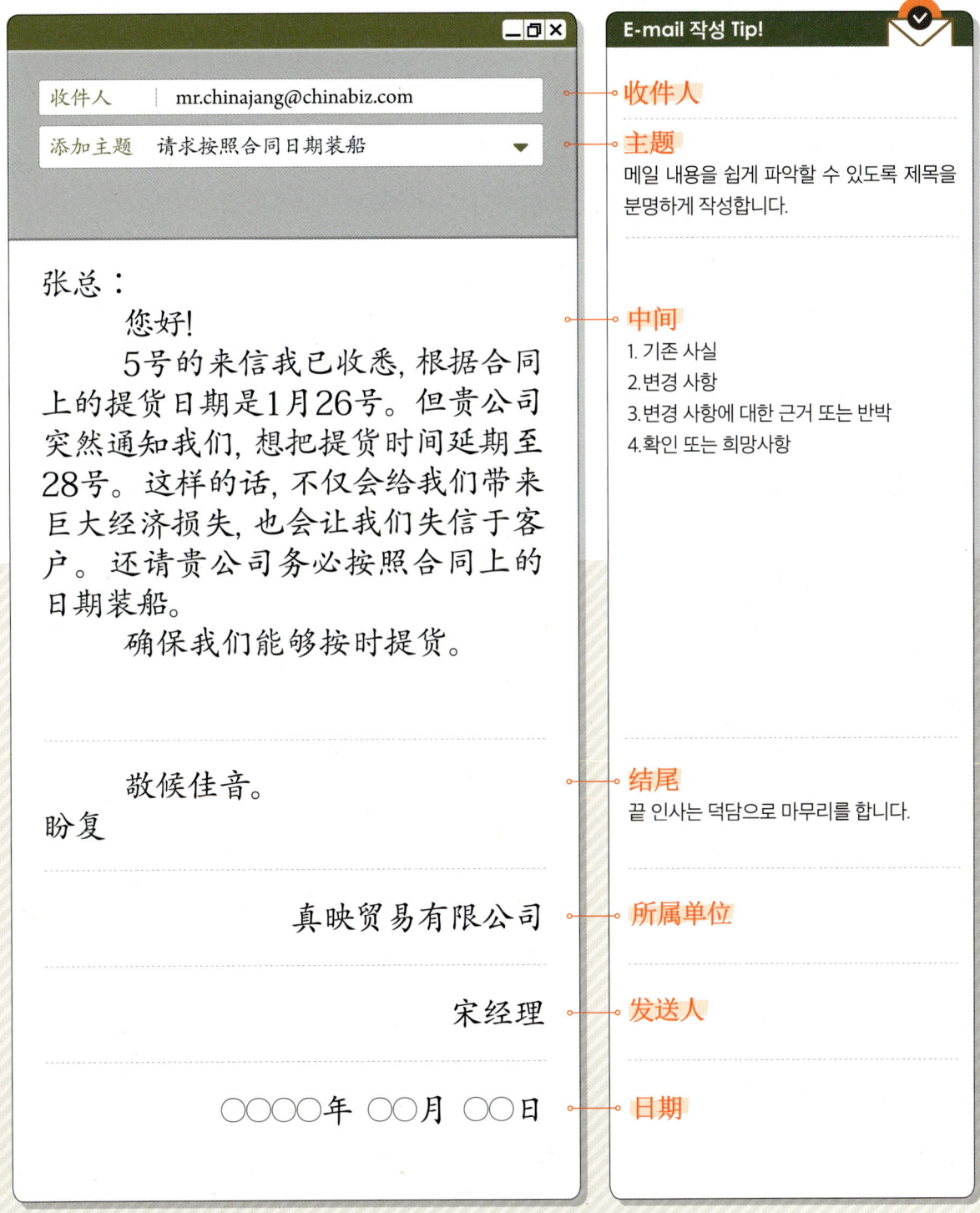

03 BIZ E-mail | 필수 단어

상황 설명 및 유감을 표현하는 E-mail을 작성할 때 자주 사용하는 단어입니다. 아래의 단어를 따라 읽고 단어 앞의 박스에 체크 표시해 보세요.

☑☐	01 提货	tíhuò	동 (창고에서) 물건을 꺼내다
☐☐	02 延后	yánhòu	동 뒤로 미루다, 연기하다, 늦추다
☐☐	03 失信	shīxìn	동 신용을 잃다, 약속을 어기다
☐☐	04 静候佳音	jìnghòujiāyīn	조용히 희소식을 기다리다
☐☐	05 确保	quèbǎo	확보하다
☐☐	06 订购	dìnggòu	동 예약(주문)하여 구입하다, 주문하다
☐☐	07 适合	shìhé	동 적합하다, 부합하다, 알맞다, 적절하다
☐☐	08 歉意	qiànyì	명 미안한 마음
☐☐	09 道歉	dàoqiàn	동 사과하다, 사죄하다
☐☐	10 延后	yánhòu	동 뒤로 미루다, 늦추다, 연기하다, 지연시키다

04 BIZ E-mail | 필수 패턴 연습

아래의 주요 예문을 따라 읽고 패턴을 활용한 문장을 만들어 보세요.

01 务必…… | 반드시, 꼭

请贵公司**务必**按照合同上的日期装船。
귀사께서 **반드시** 계약서 날짜에 맞게 선적해 주셨으면 합니다.

这件事是关重要, 你**务必**如期完成。
이 일은 매우 중요한 일이므로, **반드시** 기일 내에 완성해야 합니다.

02 按照…… | ~에 의해, ~에 따라

按照合同规定, 贵公司延迟交货, 违约金是一万人民币。
계약서 규정**에 근거하여** 귀사 측에서 출고가 늦어지면, 위약금은 1만 위안입니다.

如果**按照**这个计划去做, 肯定会成功。
만약 이 계획**에 따라** 진행하면 반드시 성공할 것입니다.

03 按时…… | 제때에, 시간에 맞추어

确保我们能够**按时**提货。
저희가 **시간에 맞추어** 출고할 수 있도록 해주세요.

因台风影响, 飞机不能**按时**起飞, 请大家谅解。
태풍의 영향으로 인해 비행기가 **제 때** 이륙할 수 없습니다. 양해 부탁 드립니다.

04 将 A 一并发给 B | A를 B에게 일괄 송부하다

我**将**产品的图片及价格表**一并发**您。
제가 제품의 사진과 가격표를 **같이** 송부하겠습니다.

请将这次会议材料以及相关文件**一并发给**我。
이번 회의 자료 및 관련 문서를 저에게 **일괄 송부**해주세요.

05 BIZ E-mail | 실전! E-mail 보내기

다음 상황에 맞게 E-mail을 작성한 후 전송해 보세요.

견적비용에 대한 유감

당신은 China Biz에서 근무하는 회사원 Mr. Jang 입니다. 최근 환율 인상으로 인해 기존의 인건비를 고려했을 때 회사 거래처 측이 제시한 견적 비용으로는 향후 업무를 진행하는 것이 어려워졌습니다. 위의 사항에 대해 해당 거래처에게 유감을 표하는 E-mail을 작성해 보세요.

해당 사항

✓ 환율인상 : 1위안에 대한 원화가 165원에서 195원으로 상승했음.
✓ 추가내용 : 현재 매월 1인당 인건비 1,800위안

실전 단어

아래의 단어를 응용하여 E-mail을 작성해 보세요.

汇率	huìlǜ	명 환율
工价	gōngjià	명 임금, 인건비
里里外外	lǐliwàiwài	명 안팎
损失	sǔnshī	명 손실, 손해 / 동 (아무런 대가도 없이) 소비하다, 잃어버리다, 손해 보다
变动	biàndòng	명 변동, 변경, 변화 / 동 바꾸다, 변동하다, 변경하다, 변화하다
真心	zhēnxīn	명 진심
重新	chóngxīn	부 다시, 재차, 새로

收件人

添加主题

복습

请您写一下今天的课当中印象最深的电子邮件。

06 BIZ E-mail | 체크 리스트

실전! E-mail 보내기를 작성한 후 아래의 항목에 대해 체크 표시를 해 보세요.

준비 및 확인	
› 교재에서 제시한 이메일 작성 Tip을 확인하였습니까?	☐
› 비즈니스 메일 양식(첫인사, 본문, 끝인사)을 갖추어 메일을 작성했습니까?	☐
› 메일 제목에서 불필요한 단어 및 정보 없이 작성했습니까?	☐

언어 표현 및 간단명료	
› 메일의 첫 인사 및 끝 인사를 자주 쓰는 표현과 이해하기 쉬운 문장으로 작성했습니까?	☐
› 메일의 본문에서 비즈니스 단어를 활용한 단문 및 짧은 문단을 바탕으로 하여 받는 이가 쉽게 이해할 수 있도록 작성하였습니까?	☐
› 객관적이고 사실적인 언어 표현을 적극적으로 활용하여 무례하지 않게 받는 이가 오해 없이 받아들일 수 있도록 메일을 작성했습니까?	☐
› 최대한 예의를 갖추어 문어체 표현으로 메일을 작성했습니까?	☐

내용의 전달성	
› 메일의 주제를 정확하게 전달했습니까?	☐
› 해당 거래처에게 견적 비용에 대한 유감을 표현하는 내용을 메일로 전달할 때 모든 정보들을 취합하여 상황에 맞게 작성하였습니까?	☐
› 해당 거래처의 견적 비용에 대해 유감을 표현하는 사항에 대해 정확하게 전달했습니까?	☐
› 해당 거래처에게 유감을 전달하게 된 이유를 구체적으로 전달했습니까?	☐

备 / 忘 / 录

제7과 通知与警告
공지 및 경고

학습목표
- ✓ 공지 및 경고와 관련된 주요 단어 및 표현을 이해할 수 있습니다.
- ✓ 업무와 관련된 공지 및 경고 사항을 작성하여 해당 사실을 정확하게 전달할 수 있습니다.

주요 패턴
- 01 在……中
- 02 对……满意
- 03 经……研究
- 04 越来越……

情景对话

다음 사진을 보면서 아래의 단어들을 활용하여 주어진 상황에 대해 중국어로 말해 보세요.

警告 / 通知 / 为难 / 投诉 / 抗议

01 BIZ E-mail | 실제 표현

공지 및 경고 E-mail을 작성할 때 자주 사용하는 표현 입니다. 아래의 문장을 따라 읽어 보세요.

01 警告 Jǐnggào

요구사항 불발 시, 경고를 전달할 때

如再不付款，我们将加收0.6%的滞纳金。
Rú zài bú fùkuǎn, wǒmen jiāng jiāshōu bǎifēnzhī língdiǎnliù de zhìnàjīn.
> 만약 다시 돈을 지불하지 않는다면, 저희는 0.6%의 체납금을 더 받을 것입니다.

三天内再无回复，将自动取消参加资格。
Sāntiān nèi zài wú huífù, jiāng zìdòng qǔxiāo cānjiā zīgé.
> 3일 내에 회신이 없다면, 참가 자격은 자동 취소됩니다.

如果贵公司再不补货的话，我们会把相关材料及证明材料交到国际仲裁机构。
Rúguǒ guì gōngsī zài bù bǔhuò de huà, wǒmen huì bǎ xiāngguān cáiliào jí zhèngmíng cáiliào jiāo dào guójì zhòngcái jīgòu.
> 만약 귀사 측이 재고 보충을 다시 할 수 없다면, 저희는 관련 자료 및 증명 자료를 국제중재기구에 제출할 것입니다.

你若再没什么好的成绩，很难让你升级。
Nǐ ruò zài méi shénme hǎo de chéngjì, hěn nán ràng nǐ shēngjí.
> 더 좋은 성적이 다시는 없다면, 당신은 승진하기 어렵습니다.

我们公司无法容忍这些不良产品，再发生此类的事情，将很难合作下去。请贵公司三思。
Wǒmen gōngsī wúfǎ róngrěn zhèxiē bùliáng chǎnpǐn, zài fāshēng cǐlèi de shìqíng, jiāng hěn nán hézuò xiàqù. Qǐng guì gōngsī sānsī.
> 저희는 이러한 불량상품을 용인할 수 없습니다, 이러한 일이 다시 발생했을 시, 협력해 나가는 것은 어렵습니다. 귀사 측에 재고를 청합니다.

如果贵公司在7天之内还未发送有关新产品的详细资料的话，我们将不仅取消参加展销会的资格，未来三年也无法参加该展销会。
Rúguǒ guì gōngsī zài qītiān zhīnèi háiwèi fāsòng yǒuguān xīn chǎnpǐn de xiángxì zīliào de huà, wǒmen jiāng bùjǐn qǔxiāo cānjiā zhǎnxiāohuì de zīgé, wèilái sānnián yě wúfǎ cānjiā gāi zhǎnxiāohuì.
> 향후 7일 내 제품과 관련된 세부 자료를 보내주시지 않으면, 본 전시회 참가 자격을 상실할 뿐만 아니라, 향후 3년 동안 본 전시회에 참가하실 수 없습니다.

02 通知 Tōngzhī

공지사항을 전달할 때

关于本产品的人工费用及交货费用从今年起增加20%。
Guānyú běn chǎnpǐn de réngōng fèiyòng jí jiāohuò fèiyòng cóng jīnnián qǐ zēngjiā bǎifēnzhī èrshí.
› 본 제품과 관련하여 인건비와 납품 비용이 금년부터 20% 더 오르게 되었습니다.

本公司在往后一个月中针对客户及VIP顾客，在全国代理店进行免费试饮及试吃活动。
Běn gōngsī zài wǎnghòu yígèyuè zhōng zhēnduì kèhù jí VIP gùkè, zài quánguó dàilǐdiàn jìnxíng miǎnfèi shìyǐn jí shìchī huódòng.
› 본 회사는 앞으로 한 달 동안 해당 거래처 및 VIP 고객을 대상으로, 전국 대리점에서 무료 시음 및 시식 행사를 진행할 예정입니다.

今年我国颁布了关于海关税的新政策。
Jīnnián wǒguó bānbù le guānyú hǎiguānshuì de xīn zhèngcè.
› 올해 우리나라는 세관과 관련된 새로운 정책을 발표하였습니다.

通过调查得知，贵公司的包装并未按照合同上的要求进行，导致了货物的损，我现在把货损照片和相关证明材料发给您，希望贵公司能在下月10号前补齐受损的货物。
Tōngguò diàochá dézhī, guì gōngsī de bāozhuāng bìngwèi ànzhào hétóngshang de yāoqiú jìnxíng, cóng'ér dǎozhì le huòwù de sǔnhuài, wǒ xiànzài bǎ huòsǔn zhàopiàn hé xiāngguān zhèngmíng cáiliào fā gěi nín, xīwàng guì gōngsī néng zài xiàyuè shíhào qián bǔqí shòusǔn de huòwù.
› 귀사 측의 포장은 관련 조사를 통해 계약서 상의 요구에 의해 진행된 것이 아님을 알게 되었습니다. 이로 인해 화물의 피해를 야기하였습니다. 제가 현재의 파손된 화물의 사진 및 관련 증명자료를 전달 드리겠습니다. 귀사 측이 다음 달 10일 전까지 파손된 화물을 원상 복구할 수 있기를 바랍니다.

为了我们更长久的合作，我们决定放弃这次索赔权利。
Wèile wǒmen gèng chángjiǔ de hézuò, wǒmen juédìng fàngqì zhè cì de suǒpéi quánlì.
› 더 길고 오랜 협력을 위하여, 저희는 이번 손해배상 권리를 포기하기로 결정하였습니다.

贵公司发来的货物，经过检查得知，一部分产品的质量与样品不符。
Guì gōngsī fā lái de huòwù, jīngguò jiǎnchá dézhī, yíbùfèn chǎnpǐn de zhìliàng yǔ yàngpǐn bùfú.
> 귀사 측에서 보내온 화물과 관련하여 검사를 통해 일부 품질 및 샘플이 부합하지 않다는 사실을 발견하였습니다.

根据交易产品的特性，检验条款我们做了如下决定。
Gēnjù jiāoyì chǎnpǐn de tèxìng, jiǎnyàn tiáokuǎn wǒmen zuò le rúxià juédìng.
> 교역 상품의 특징에 근거하여, 검열 조항을 아래와 같이 결정하였습니다.

通过这次培训，我们希望附加出口地检验条款。
Tōngguò zhècì péixùn, wǒmen xīwàng fùjiā chūkǒudì jiǎnyàn tiáokuǎn.
> 이번 훈련을 통해, 우리가 출구 지역에서 검열 조항을 부가할 수 있기를 바랍니다.

02 BIZ E-mail | 전송해 봅시다!

인사 공지 E-mail 작성 Tip을 확인한 후 해당 메일을 읽어 보고 자신의 상황에 맞게 직접 작성해 보세요.

通知 E-mail

03 BIZ E-mail | 필수 단어

인사공지 및 경고 E-mail을 보낼 때 자주 사용하는 단어입니다. 아래의 단어를 따라 읽고 단어 앞의 박스에 체크 표시해 보세요.

☑□ 01	晋升	jìnshēng	동 승진하다, 승진시키다.
□□ 02	期间	qījiān	명 기간, 시간
□□ 03	科长	kēzhǎng	명 과장
□□ 04	业绩	yèjì	명 업적
□□ 05	出色	chūsè	동 특별히 좋다, 대단히 뛰어나다
□□ 06	即日	jírì	명 그 날, 당일
□□ 07	发挥	fāhuī	동 발휘하다
□□ 08	为难	wéinán	동 어렵게(힘들게)하는, 괴롭히는 형 난감한, 곤란한
□□ 09	爱戴	àidài	명 우러러 섬기다, 추대하다
□□ 10	主管	zhǔguǎn	동 주관하다, 주무하다 명 주관자, 팀장
□□ 11	抗议	kàngyì	동 항의하다 명 항의
□□ 12	驾驭	jiàyù	동 지배하다, 통제하다, 관리하다
□□ 13	下属	xiàshǔ	명 부하, 하급직원
□□ 14	团结	tuánjié	동 단결하다, 단합하다 형 화목한, 우호적인, 사이가 좋은
□□ 15	存心	cúnxīn	동 어떤 생각을 가지고 있다 명 마음씨 부 일부러, 고의로

04 BIZ E-mail | 필수 패턴 연습

아래의 주요 예문을 따라 읽고 패턴을 활용한 문장을 만들어 보세요.

01 在……中 | ~(중)에서

我们收到很多对你的投诉信,说你**在**办公**中**经常存心为难下属。
당신에 대한 많은 항의서들을 전달받았는데, 업무 **중** 당신이 아래 직원들을 괴롭힌다고 합니다.

在我们同事当**中**他的汉语水平最高。
저희 동료들 **중에서** 그의 중국어 실력이 최고입니다.

02 对……满意 | ~에 대해 만족하다

公司领导**对**你的工作表现很**满意**。
사내 상사는 당신의 태도**에 대해** 매우 **만족해** 하고 있습니다.

我**对**现在的生活很**满意**。
저는 지금의 생활**에 대해** 매우 **만족합니다**.

03 经……研究 | ~연구를 거치다

经公司**研究**决定即日晋升你为科长。
사내 **내정과정을 통해** 해당 날짜부터 당신을 과장 승진 인사를 결정하였습니다.

经大家开会**研究**,下半年的预算将减少10%。
전체 회의 **내부 연구를 거쳐** 하반기 예산은 10% 줄어들 것으로 보입니다.

04 越来越…… | 점점 더(더욱 더)~ 해지다

希望你的工作表现**越来越**好。
당신의 업무 태도가 **점점 더** 좋아지길 바랍니다.

希望贵公司的事业**越来越**红火。
귀사의 사업이 **더욱 더** 번창해지길 바랍니다.

05 BIZ E-mail | 실전! E-mail 보내기

다음 상황에 맞게 E-mail을 작성한 후 전송해 보세요.

제품 발송일자 변경

당신은 China Biz에서 근무하는 회사원 Mr. Jang 입니다. 금일 태풍 등의 기상악화로 인해 항구 운항이 중단되었습니다. 이에 회사 거래처 측으로 운송할 화물 발송일자를 변경해야 합니다. 위의 사항에 대해 회사 거래처에게 발송일자 변경을 공지하는 E-mail을 작성해 보세요.

해당 사항

✓ 재 출발일 : 대략 다음달 5일
✓ 추가내용 : 수령 불가일 경우 요청 바람

실전 단어

아래의 단어를 응용하여 E-mail을 작성해 보세요.

| 港口 | gǎngkǒu | 명 | 항구 | 拥堵 | yōngdǔ | 동 | 길이 막히다, 꽉 차다 |
| 运输公司 | yùnshūgōngsī | 명 | 운송회사 | 商议 | shāngyì | 동 | 의논하다 |

收件人 _____

添加主题 _____

복습

请您写一下今天的课当中印象最深的电子邮件。

06 BIZ E-mail | 체크 리스트

실전! E-mail 보내기를 작성한 후 아래의 항목에 대해 체크 표시를 해 보세요.

준비 및 확인		
	교재에서 제시한 이메일 작성 Tip을 확인하였습니까?	☐
	비즈니스 메일 양식(첫인사, 본문, 끝인사)을 갖추어 메일을 작성했습니까?	☐

언어 표현 및 간단명료		
	메일 제목에서 불필요한 단어 및 정보 없이 작성했습니까?	☐
	메일의 첫 인사 및 끝 인사를 자주 쓰는 표현과 이해하기 쉬운 문장으로 작성했습니까?	☐
	메일의 본문에서 비즈니스 단어를 활용한 단문 및 짧은 문단을 바탕으로 하여 받는 이가 쉽게 이해할 수 있도록 작성하였습니까?	☐
	객관적이고 사실적인 언어 표현을 적극적으로 활용하여 무례하지 않게 받는 이가 오해 없이 받아들일 수 있도록 메일을 작성했습니까?	☐
	최대한 예의를 갖추어 문어체 표현으로 메일을 작성했습니까?	☐

내용의 전달성		
	메일의 주제를 정확하게 전달했습니까?	☐
	화물 발송일자 변경을 공지하는 내용을 메일로 전달할 때 모든 정보들을 취합하여 상황에 맞게 작성하였습니까?	☐
	화물 발송일자 변경을 공지하는 사항에 대해 정확하게 전달했습니까?	☐
	화물 발송일자를 변경하게 된 이유를 구체적으로 전달했습니까?	☐

备 / 忘 / 录

八先生 중국어
비즈니스 스킬 | 이메일

단어 부록
찾아보기

A

爱戴	àidài	동	우러러 섬기다, 추대하다
按时	ànshí	부	제 때에, 시간에 맞추어
按照	ànzhào	개	~에 의해, ~에 따라

B

颁布	bānbù	동	공포하다, 반포하다, 포고하다
搬到	bāndào	동	옮기다
帮助	bāngzhù	명	도움
报盘	bàopán	동	오퍼를 내다
抱歉	bàoqiàn	동	미안해하다
被迫	bèipò	동	어쩔수없이 ~하다
倍增	bèizēng	동	배로 증가하다
本社	běnshè	명	본사, 당사
比较	bǐjiào	부	비교적, 상대적으로
必须	bìxū	부	반드시, 꼭
变动	biàndòng	동	바꾸다, 변동하다, 변경하다, 변화하다
		명	변동, 변경, 변화
变更	biàngēng	동	변경하다
表示	biǎoshì	동	나타내다, 표시하다
表现	biǎoxiàn	동 명	행동(하다), 표현(하다)
标注	biāozhù	동 명	주석(을 달다)
标准	biāozhǔn	명	표준, 기준
并	bìng	개	게다가, 그리고; 동시에
博览会	bólǎnhuì	명	박람회
不便	búbiàn	형	불편하다
补偿	bǔcháng	동	(손실, 손해) 보상하다
不得不	bùdébù	부	어쩔수없이, 반드시
补货	bǔhuò	명	재고보충
不仅 A 而且 B	bùjǐn A érqiě B	접	A 뿐만 아니라 B도
不可撤销信用证	bùkěchè xiāo xìnyòng zhèng	명	취소 불능 신용장
补齐	bǔqí	동	보충해서 채우다
补水美白面膜	bǔshuǐměi báimiànmó	명	수분보충 미백 마스크
部长	bùzhǎng	명	부장
不足	bùzú	형 동	부족하다

C

才能	cáinéng	명	재능, 지식과 능력
采取	cǎiqǔ	동	채택하다
参加资格	cānjiāzīgé	명	참가자격
参考	cānkǎo	동	(다른 사람의 의견, 학습과 연구관련자료 등을) 참고하다, 참조하다
参照	cānzhào	동	(방법, 경험) 참고하다
测试	cèshì	명	테스트
查收	cháshōu	동	(주로 편지에 쓰여) 확인하고 받다, 조사하여 받다
差异	chāyì	명	차이
产品	chǎnpǐn	명	생산품, 제품
查清	cháqīng	동	자세히 조사하다
长久	chángjiǔ	형	매우 길고 오래다
长期合作关系	chángqī hézuò guānxi	명	장기적협력관계
厂	chǎng	명	공장
畅销	chàngxiāo	형	잘팔리다, 판로가 넓다
称呼	chēnghu	명	호칭
成绩	chéngjì	명	성과, 성적
成立于	chénglìyú	동	(조직, 기구 등을) 창립하다, 설립하다, 결성하다
迟	chí	형	늦다, 지각하다
充	chōng	동	보충하여 채우다
充满	chōngmǎn	동	넘치다, 가득차다
重申	chóngshēn	동	거듭 표명하다
重新	chóngxīn	부	다시, 재차, 새로
出差日期	chūchāirìqī	명	출장날짜

78 중국어 비즈니스 스킬 | E-mail

出货	chūhuò	동 (창고에서) 제품을 꺼내다, 출고하다
处境	chǔjìng	명 환경, 상태, 처지, 상황
出口地	chūkǒudì	명 출구지역
除了……以外	chúle……yǐwài	동 ~ 이외에도
处理	chǔlǐ	동 처리하다
出口贸易部	chūkǒumàoyìbù	명 수출무역부
出色	chūsè	형 특별히좋다, 대단히 뛰어나다
出现	chūxiàn	동 생산해내다, 만들어내다
船上交货价	chuánshàng jiāohuòjià	명 본선인도조건
此事	cǐshì	명 이 일, 이 사건
从而	cóng'ér	접 따라서, 그리하여
从事	cóngshì	동 종사하다
存心	cúnxīn	동 어떤 생각을 가지고 있다
		명 마음씨
		부 일부러, 고의로
措施	cuòshī	명 조치, 대책

D

达成	dáchéng	동 달성하다, 도달하다, 얻다
打开	dǎkāi	동 열다, 개척하다
大力支持	dàlìzhīchí	명 대대적인지지
大批	dàpī	형 대량의
待定	dàidìng	동 결정을기다리다
待机	dàijī	동 스탠바이하다, 대기하다
代理店	dàilǐdiàn	명 대리점
代理商	dàilǐshāng	명 대리상
耽搁	dānge	동 지연하다, 지체하다

当地	dāngdì	명 현장, 현지
当前	dāngqián	명 현재, 현단계
到访	dàofǎng	동 방문하다, 내방하다
道歉	dàoqiàn	동 사과하다, 사죄하다
导致	dǎozhì	동 (어떤사태) 야기하다, 초래하다
得到	dédào	동 얻다, 받다, ~(하게) 되다
得知	dézhī	동 알게되다, 이해하다
地址	dìzhǐ	명 주소
订	dìng	동 예약하다, 주문하다
订单	dìngdān	명 (상품, 물품예약) 주문(명세)서
订购	dìnggòu	동 예약(주문)하여 구입하다, 주문하다
订货	dìnghuò	동 발주하다
订货单	dìnghuòdān	명 주문 계약서
对待	duìdài	동 다루다, 대응하다, 대처하다
对	duì	개 ~에게, ~에 대해서
对……满意	duì……mǎnyì	동 ~에 대해 만족하다
电池	diànchí	명 전지
电脑病毒	diànnǎobìngdú	명 컴퓨터바이러스
电邮	diànyóu	명 이메일
电子有限公司	diànzǐyǒuxiàn gōngsī	명 전자회사
调查	diàochá	동 조사하다
订单	dìngdān	명 (상품, 물품예약) 주문(명세)서
鼎力	dǐnglì	부 강력하게, 힘껏, 대대적으로

F

发挥	fāhuī	동 발휘하다
发货	fāhuò	동 출하하다
法律	fǎlǜ	명 법률
发票	fāpiào	명 영수증

发生	fāshēng	동 발생하다
发送	fāsòng	동 발송하다
发展	fāzhǎn	동 발전하다
反而	fǎn'ér	부 반대로, 도리어, 거꾸로, 오히려
烦请	fánqǐng	동 수고스러우시겠지만 ~ 해주세요
方便	fāngbiàn	형 편리하다
方面	fāngmiàn	형 분야
放弃	fàngqì	동 포기하다
防晒霜	fángshài shuāng	명 선크림
费用	fèiyòng	명 비용
分批	fēnpī	동 여러 조 (무리, 무더기로 나누다
否则	fǒuzé	접 만약 그렇지 않으면
副本	fùběn	명 복사본
复读机	fùdújī	명 반복 재생기
符合	fúhé	동 부합하다
附加	fùjiā	동 부가하다 / 형 부가의, 초과의, 별도의
附件	fùjiàn	명 첨부파일
付款	fùkuǎn	동 돈을 지불하다
付款方式	fùkuǎnfāngshì	명 결제방식
附上	fùshàng	동 함께 첨부하여 보내다
根据	gēnjù	동 ~에 근거하다
更	gèng	부 더욱
更为	gèngwéi	부 더욱, 더군다나
供不应求	gōngbúyìngqiú	성 공급이 수요를 따르지 못하다
工价	gōngjià	명 임금, 인건비
关于	guānyú	개 ~에 관해서
工厂	gōngchǎng	명 공장
功能	gōngnéng	명 기능, 작용
贡献	gòngxiàn	명 공헌
工作	gōngzuò	동 명 일(하다)
购买	gòumǎi	동 구매하다
购买者	gòumǎizhě	명 구매자
关于	guānyú	개 ~에 관해서
广大	guǎngdà	형 (면적 공간) 크고 넓다
广告	guǎnggào	명 광고
规定	guīdìng	동 명 규정(하다)
贵方	guìfāng	명 귀사 측
贵公司	guìgōngsī	명 귀사
过……	guò……	동 ~이 지나다, ~을 보내다
规模	guīmó	명 규모
过程	guòchéng	명 과정
国际仲裁机构	Guójìzhòngcái jīgòu	명 국제중재기구

G

改善皱纹	gǎishànzhòuwén	주름을 개선하다
感激不尽	gǎnjībújìn	동 감격스럽기 그지 없다
赶上	gǎnshàng	동 따라잡다, 우연히만나다
港口	gǎngkǒu	명 항구
高保湿	gāobǎoshī	명 고보습
告诉	gàosu	동 말하다, 알리다
告知	gàozhī	동 알려주다
给出	gěichū	동 제시하다
给A 带来B	gěi A dàilái B	동 A에게 B를 가져오다, 가져다 주다, 일으키다

H

海关税	hǎiguānshuì	명 해관세
好像	hǎoxiàng	부 마치 ~과 같다
核算	hésuàn	동 (기업에서) 정산하다, 견적하다
合同日期	hétóngrìqī	명 계약 날짜
合作	hézuò	동 협력하다
红火	hónghuo	형 (생계, 사업) 왕성하다, 번창하다
化妆品	huàzhuāngpǐn	명 화장품
换	huàn	동 교환하다

缓冲包装	huǎnchōng bāozhuāng	명 완충포장
恢复	huīfù	동 회복하다(되다)
回复	huífù	동 회신하다, 답장하다
回函	huíhán	명 회신
汇率	huìlǜ	명 환율
回信	huíxìn	동 명 회신(하다)
会议材料	huìyìcáiliào	명 회의자료
会议时间	huìyìshíjiān	명 회의시간
货单	huòdān	명 화물 송장
货价	huòjià	명 상품가격
货物	huòwù	명 물품, 상품, 화물
或者	huòzhě	접 ~이던가 아니면 ~이다

J

计划	jìhuà	동 명 계획(하다)
机密	jīmì	명 기밀
即日	jírì	명 그날, 당일
及时	jíshí	부 즉시, 곧바로
给予	jǐyǔ	동 문 주다, 부여하다
记载	jìzǎi	동 명 기록(하다)
家电	jiādiàn	명 가전제품
价格	jiàgé	명 가격
价目表	jiàmùbiǎo	명 가격표
加强	jiāqiáng	동 강화하다
加收	jiāshōu	동 추가 징수하다
驾驭	jiàyù	동 지배하다, 통제하다, 관리하다
加运费	jiāyùnfèi	명 운임 가산
简单	jiǎndān	형 간단하다
建立商务关系	jiànlìshāngwù guānxi	비즈니스 관계를 만들다 (형성하다)
见谅	jiànliàng	동 양해를 구하다
减少	jiǎnshǎo	동 감소하다
检讨	jiǎntǎo	동 총결산하다
检验条款	jiǎnyàntiáokuǎn	명 검사 조항
建议	jiànyì	동 제안하다, 건의하다
将	jiāng	부 곧, 머지않아
将A一并发给B	jiāng A yíbìng fā gěi B	A를 B에게 일괄 송부하다
交货	jiāohuò	동 납품하다
交货费	jiāohuòfèi	명 납품비용
交货日期	jiāohuòrìqī	명 납기기일
交期	jiāoqī	동 명 거래(하다)
交易产品	jiāoyìchǎnpǐn	명 거래상품
教育	jiàoyù	명 교육
借……	jiè……	동 기회를 빌리다
机会	jī huì	
解决	jiějué	동 해결하다, 풀다; 없애다
节省	jiéshěng	동 아끼다, 절약하다
届时	jièshí	동 그 때가 되다
接受	jiēshòu	동 받아들이다, 수락하다
节约	jiéyuē	동 절약하다
进口	jìnkǒu	동 수입하다
尽快	jǐnkuài	부 되도록 빨리
尽管	jǐnguǎn	접 비록 ~라 하더라도
谨上	jǐnshàng	동 삼가 올립니다
晋升	jìnshēng	동 승진하다, 승진시키다
进行	jìnxíng	동 진행하다
经常	jīngcháng	부 언제나, 늘, 항상, 자주
警告	jǐnggào	동 명 경고(하다)
经过	jīngguò	동 지나다, 거치다
经济损失	jīngjìsǔnshī	명 경제적 손실
经济问题	jīngjìwèntí	명 경제문제
经理	jīnglǐ	명 매니저, 경영 관리 책임자
静候佳音	jìnghòujiāyīn	동 조용히 희소식을 기다리다
敬请	jìngqǐng	동 공경히 청하다

敬悉	jìngxī	동 삼가 잘 받았습니다
经验	jīngyàn	명 경험
经……研究	jīng……yánjiū	동 ~연구를 거치다
举办	jǔbàn	동 개최하다, 거행하다, 열다
巨大	jùdà	형 (규모, 수량) 아주 크다, 많다
决定	juédìng	동 결정하다

K

看法	kànfǎ	명 견해, 부정적 의견
抗议	kàngyì	동 항의하다 / 명 항의
考虑到	kǎolǜ dào	명 ~을 고려했을 때
可观	kěguān	형 대단하다; 가관이다
客户	kèhù	명 고객
科长	kēzhǎng	명 과장
肯定	kěndìng	부 확실히, 틀림없이
恐怕	kǒngpà	부 아마 ~일 것이다
控制	kòngzhì	동 통제(제어)하다
口红	kǒuhóng	명 립스틱
库存	kùcún	동 창고에 저장하다 / 명 창고에 보관된 재고
款式	kuǎnshì	명 스타일, 타입, 양식, 격식
亏损	kuīsǔn	동 적자 나다
困难	kùnnan	형 곤란하다, 어렵다, 빈곤하다 / 명 곤란, 어려움

L

劳动节	Láodòngjié	명 노동절
乐观	lèguān	형 낙관적이다
离岸价格	lí'ànjiàgé	명 본선 인도조건
里里外外	lǐlǐwàiwài	명 안팎

力量	lìliang	명 역량
历史	lìshǐ	명 역사
联系	liánxì	동 명 연락(하다)
联系方式	liánxìfāngshì	명 연락처
谅解	liàngjiě	동 양해하다
留言	liúyán	동 메모(를 남기다)
录音	lùyīn	동 명 녹음(하다)

M

马上	mǎshàng	부 곧, 즉시, 금방
满意	mǎnyì	형 만족하다, 만족스럽다
贸易	màoyì	명 무역
美金	měijīn	명 달러
棉布	miánbù	명 면직물, 무명
免费	miǎnfèi	동 무료이다
面积	miànjī	명 면적
面向	miànxiàng	동 ~에 직면하다
目录	mùlù	명 목록

N

内疚	nèijiù	형 양심의 가책을 느끼다, 부끄러워 하다
内容	nèiróng	명 내용
挪到	nuódào	동 ~으로 나르다, 옮기다

P

怕	pà	동 두려워하다, 걱정하다
派	pài	동 파견하다
培训	péixùn	명 양성, 육성, 훈련
批	pī	명 ("회차"의 개념, 사람, 물건에해당) 무리, 무더기
便宜	piányi	형 저렴하다

Q

汽车召回制度	Qìchē zhàohuízhìdù	명 자동차 리콜
期间	qījiān	명 기간, 시간
期望	qīwàng	동 명 기대(하다)
其余	qíyú	대 나머지, 남은 것
前景	qiánjǐng	명 (가까운) 장래, 앞날
歉意	qiànyì	명 미안한 마음
抢手	qiǎngshǒu	동 (상품이 매우 인기가 있어서) 잘 팔리다
禽流感	qínliúgǎn	명 조류독감
亲自	qīnzì	부 직접, 친히
轻放	qīngfàng	동 천천히(살짝) 놓다
情况	qíngkuàng	명 상황
请求	qǐngqiú	동 명 요청(하다)
取消	qǔxiāo	동 취소하다
权利	quánlì	명 권리
确保	quèbǎo	동 확보하다
确认	quèrèn	동 확인하다

R

人工费用	réngōngfèiyòng	명 인건비
任何	rènhé	대 어떠한, 무슨
任命	rènmìng	동 임명하다
人事部	Rénshìbù	명 인사부
人手	rénshǒu	명 일하는 사람, 일손
认真	rènzhēn	동 진담으로 받아들이다, 곧이듣다 명 진지하다, 착실하다, 진솔하다
容纳人员	róngnàrényuán	명 수용 인원
容忍	róngrěn	동 참고 견디다, 참고 용서하다
荣幸	róngxìng	형 매우 영광스럽다
如此	rúcǐ	대 이와 같다, 이러하다
如何	rúhé	대 어떠한가, 어떠하냐
如果	rúguǒ	접 만약, 만일
如期完成	rúqīwánchéng	기한 내에 완성하다
如下	rúxià	동 다음과 같다
如下决定	rúxiàjuédìng	동 아래와 같이 결정하다
若	ruò	접 만약, 만일

S

三思	sānsī	동 심사숙고하다
上司	shàngsī	명 상사
商议	shāngyì	동 의논하다
稍微	shāowēi	부 조금, 약간, 다소
设计	shèjì	동 명 설계, 디자인(하다)
深表	shēnbiǎo	동 깊이 ~한 마음을 나타내다
深感	shēngǎn	동 깊이 느끼다
甚为	shènwéi	부 몹시, 매우
生产	shēngchǎn	동 생산하다
生产进度	shēngchǎn jìndù	명 생산 속도
升级	shēngjí	동 진급하다
生意	shēngyi	명 영업, 사업, 비즈니스
市场调查	shìchǎng diàochá	명 시장 조사
市场需求	shìchǎngxūqiú	명 시장 수요
试吃活动	shìchīhuódòng	명 시식행사
适合	shìhé	동 적합하다, 부합하다, 알맞다, 적절하다
食品	shípǐn	명 식품
视频学习机	shìpínxuéxíjī	동 동영상 학습기
事实	shìshí	명 사실
失误	shīwù	동 명 실수(하다)
失信	shīxìn	동 신용을 잃다, 약속을 어기다
实行	shíxíng	동 실행하다

事业	shìyè	명 사업		通关业务	tōngguānyèwù	명 통관업무
试饮	shìyǐn	명 시음		通过	tōngguò	동 통과하다
使用	shǐyòng	동 사용하다		同意	tóngyì	동 동의하다
实在	shízài	부 확실히, 참으로		通知	tōngzhī	동 명 통지(하다)
受损	shòusǔn	동 손해를 보다		投	tóu	동 편지 등을 부치다, 보내다, 송부하다
收益	shōuyì	명 수익		投诉信	tóusùxìn	명 항의서
数量	shùliàng	명 수량		投影仪	tóuyǐngyí	명 프로젝터
双方	shuāngfāng	명 쌍방, 양측		图片	túpiàn	명 그림, 사진
说法	shuōfa	명 의견, 견해		团结	tuánjié	동 단결하다, 단합하다 형 화목하다, 우호적이다, 사이가 좋다
说明	shuōmíng	동 명 설명(하다)				
随时	suíshí	부 언제나, 아무 때나				
随着	suízhe	동 ~에 따라		推荐	tuījiàn	동 추천하다
损害	sǔnhài	동 손해를 입다, 손상시키다		退款	tuìkuǎn	동 명 환급하다, 환급금
损失	sǔnshī	명 손실, 손해		退缩	tuìsuō	동 움츠러들다, 위축되다, 주눅이 들다, 주춤하다
索赔	suǒpéi	동 배상을 요구하다				

	T				W	
台风	táifēng	명 태풍		完成	wánchéng	동 완성하다
特性	tèxìng	명 특성		完整	wánzhěng	형 완전하다, 온전하다
提出	tíchū	동 제출하다, 신청하다, 제기하다		往后	wǎnghòu	명 부 뒤에, 앞으로
提供咨询服务	tígòngzīxún fúwù	동 상담(자문)서비스를 제공하다		网站	wǎngzhàn	명 (인터넷) 웹사이트
				为难	wéinán	동 어렵게(힘들게) 하는, 괴롭히는 형 난감한, 곤란한
提货	tíhuò	동 (창고에서)물건을 꺼내다				
提前	tíqián	동 (예정된 시간, 위치를) 앞당기다		违约	wéiyuē	동 약속을 어기다, 위약하다, 계약을 위반하다
填写	tiánxiě	동 일정한 양식에 기입하다				
条件	tiáojiàn	명 조건		违约金	wéiyuējīn	명 위약금
条款	tiáokuǎn	명 조항		问题	wèntí	명 문제
调整	tiáozhěng	동 조정(조절)하다		务必	wùbì	부 반드시, 꼭, 기필코
停办业务	tíngbànyèwù	동 업무를 잠시 멈추다		无法	wúfǎ	동 방법이 없다
停产	tíngchǎn	동 생산을 중지하다		乌木纸	wūmùzhǐ	명 흑단종이
停运	tíngyùn	동 운행을 중지하다		物资支援	wùzīzhīyuán	명 물자 지원

X		
系统	xìtǒng	명 시스템
希望	xīwàng	동 희망하다
下半年	xiàbànnián	명 하반기
下属	xiàshǔ	명 부하, 하급직원
现象	xiànxiàng	명 현상
箱	xiāng	명 상자, 박스
相关文件	xiāngguānwénjiàn	명 관련문서
详细	xiángxì	형 상세하다, 자세하다, 세세하다
详细功能	xiángxìgōngnéng	명 세부 기능
详细资料	xiángxìzīliào	명 상세자료
相助	xiāngzhù	동 상조하다, 서로 돕다
消费者	xiāofèizhě	명 소비자
销量	xiāoliàng	명 판매량
销路	xiāolù	명 (상품에대한) 판로
销售部	xiāoshòubù	명 판매부
消息	xiāoxi	명 소식, 정보
小心轻放	xiǎoxīnqīngfàng	명 취급주의
协助	xiézhù	동 협조하다
新款	xīnkuǎn	명 신상품
信任	xìnrèn	동 신임하다, 신뢰하다
欣悉	xīnxī	동 기쁘게 알다
信息	xìnxī	명 정보
新政策	xīn zhèngcè	명 새로운 정책
型号	xínghào	명 사이즈 형, 타입
需求	xūqiú	명 수요, 필요
需要	xūyào	동 명 필요하다, 요구
续约	xùyuē	동 명 재계약(하다)

Y		
延后	yánhòu	동 뒤로 미루다, 늦추다, 연기하다, 지연시키다
延期	yánqī	동 연장하다

言谈之间	yántánzhījiān	형 대화를 하는 중에 (말씀을 나누는 사이에)
严重	yánzhòng	형 위급하다, 심각하다
样品	yàngpǐn	명 샘플
邀请	yāoqǐng	동 초청하다
要求	yāoqiú	동 요구하다
业绩	yèjì	명 업적
业务往来	yèwùwǎnglái	명 업무교류
一并	yíbìng	부 같이, 합해서
一部分	yíbùfèn	명 일부의
遗憾	yíhàn	동 유감이다
以 A 为 B	yǐ A wéi B	동 A를 B로 삼다
因此	yīncǐ	접 이로 인해
因故	yīngù	명 사정으로 인하다
因素	yīnsù	명 요소, 성분
影响	yǐngxiǎng	동 명 영향(을 주다)
营养	yíngyǎng	동 명 영양(을 보충하다)
营业部	yíngyèbù	명 영업부
拥堵	yōngdǔ	동 길이 막히다, 꽉 차다
有关部门	yǒuguānbùmén	명 관련 부서
邮件	yóujiàn	명 이메일
由于	yóuyú	접 ~때문에, ~으로 인하여
由于A 故(而)B	Yóuyú A gù(ér)B	A 때문에 (그래서) B하다
预算	yùsuàn	동 명 예산(하다)
予以	yǔyǐ	동 ~을 주다
愿	yuàn	동 바라다, 희망하다
越发	yuèfā	부 더욱더 (한층)
越来越	yuèláiyuè	동 점점 더 (더욱 더)~해지다
运输公司	yùnshūgōngsī	명 운송회사

Z		
再次	zàicì	부 재차, 거듭

중국어	병음	품사	뜻
再议	zàiyì	동	다시 상의(토론)하다
在……中	zài……zhōng	접	~(중)에서
暂停	zàntíng	동	잠시 멈추다
造成	zàochéng	동	초래하다, 야기하다, 발생시키다
早日	zǎorì	부	일찍이, 빨리
责任	zérèn	명	책임
增加	zēngjiā	동	증가하다, 더하다, 늘리다
增派	zēngpài	동	추가로 파견하다, 증파하다
窄	zhǎi	형	좁다
展览会	zhǎnlǎnhuì	명	전람회
展区	zhǎnqū	명	전시 부스(구역)
展示会	zhǎnshìhuì	명	전시회
展销会	zhǎnxiāohuì	명	전시 판매회
展位面积	zhǎnwèimiànjī	명	전시 부스 면적
召开	zhàokāi	동	(회의를) 열다
真诚	zhēnchéng	형	진실하다, 성실하다
真心	zhēnxīn	명	진심
政策	zhèngcè	명	정책
正好	zhènghǎo	부	마침
证据	zhèngjù	명	증거
蒸蒸日上	zhēngzhēngrìshàng	성	날로 번영하다
郑重	zhèngzhòng	형	정중하다
支持	zhīchí	동	지지하다, 견디다
制度	zhìdù	명	제도, 규칙, 규정
至今	zhìjīn	부	지금까지, 여태껏
致力于	zhìlìyú	동	(어떤 일을 하거나 이루기 위해)애쓰다, 힘쓰다
质量	zhìliàng	명	품질
知名度	zhīmíngdù	명	지명도
滞纳金	zhìnàjīn	명	체납금
只能	zhǐnéng	동	~할 수 밖에 없다
致歉	zhìqiàn	동	사죄(사과, 유감)의 뜻을 표하다
职位	zhíwèi	명	직위
致谢	zhìxiè	동	감사의 뜻을 나타내다
职员	zhíyuán	명	직원
支助	zhīzhù	동	지원하다
重大	zhòngdà	형	중대하다
重视	zhòngshì	동	중시하다
衷心	zhōngxīn	동	마음에서 우러나오다
主打产品	zhǔdǎchǎnpǐn	명	주력상품
主管	zhǔguǎn	동	주관하다, 주무하다
		명	주관자, 팀장
主题	zhǔtí	명	주제
主要产品	zhǔyàochǎnpǐn	명	주요 제품
转达	zhuǎndá	동	전하다
转告	zhuǎngào	동	전달하다
装船	zhuāngchuán	동	선박에 적재하다
追加	zhuījiā	동	추가하다, 더하다, 보태다
自动关机	zìdòng guānjī	동	자동으로 전원이 꺼지다
咨询	zīxún	동	자문하다, 의견을 구하다
字样	zìyàng	명	문구
总	zǒng	명	사장
总额	zǒng'é	명	총액
总公司	zǒnggōngsī	명	본사
总价	zǒngjià	명	총 가격
总价表	zǒngjiàbiǎo	명	총 가격표
总数	zǒngshù	명	총 수량
最近	zuìjìn	명	최근, 요즈음
最终	zuìzhōng	형	최종(의)
尊敬的	zūnjìngde	형	존경하는
做出决定	zuòchūjuédìng	동	결정을 내리다
做账	zuòzhàng	동	장부를 정리하다